AF648072

Tischtennistaktik

DANKSAGUNG ODER (FREI NACH JOE COCKER)

„WITH A LITTLE HELP FROM OUR FRIENDS"

*Die Autoren danken der **Firma Butterfly** für ihre Unterstützung.*

*Bei **Timo Boll** bedanken wir uns für die freundliche und sehr professionelle Arbeit beim Fototermin.*

***Guido Schuchert** verdanken wir die attraktiven Fotos. Ohne seine Mitarbeit wären wir nicht in der Lage gewesen, das Geschriebene so anschaulich durch Bilder zu ergänzen.*

*Für die Erstellung der Abbildungen konnten wir **Oliver Sprigade** gewinnen. Seine schwierige Aufgabe bestand darin, das darzustellen, was weder durch Text noch durch Fotos aufgezeigt werden konnte. Er ist zudem der Vater der Taktikfüchse.*

Allen hier Erwähnten nochmals ein herzliches DANKESCHÖN!

Allgemeine Hinweise:

Aus Gründen der besseren Lesbarkeit wird bei Personenbezeichnungen die männliche Sprachform verwendet. Gemeint ist sowohl die männliche als auch die weibliche und die diverse Form.

Klaus-M. Geske & Jens Mueller

TISCHTENNIS*TAKTIK*

Dein Weg zum Erfolg!

Meyer & Meyer Verlag

Tischtennistaktik

Bibliografische Information der Deutschen Nationalbibliothek
Die Deutsche Nationalbibliothek verzeichnet diese Publikation in der Deutschen Nationalbibliografie; detaillierte bibliografische Details sind im Internet über <http://dnb.d-nb.de> abrufbar.

8., überarbeitete Auflage 2022
Auckland, Beirut, Dubai, Hägendorf, Hongkong, Indianapolis, Kairo, Kapstadt,
Manila, Maidenhead, Neu-Delhi, Singapur, Sydney, Teheran, Wien

Member of the World Sport Publishers' Association (WSPA)

Gesamtherstellung: Print Consult GmbH, München

MIX
Paper from responsible sources
FSC® C084279

ISBN 978-3-8403-7834-8
E-Mail: verlag@m-m-sports.com
www.dersportverlag.de

INHALT

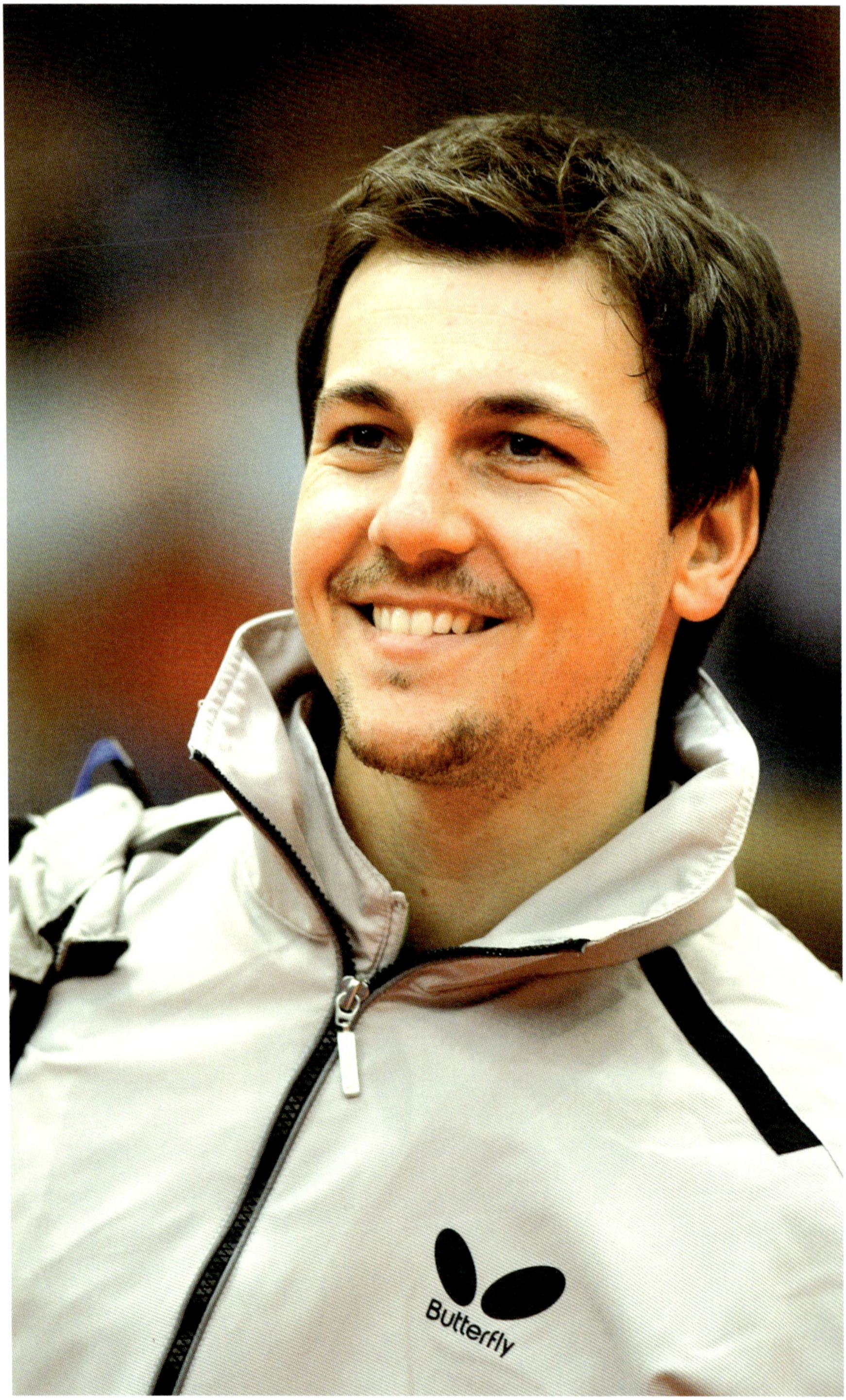
Butterfly

GRUSSWORT

Hi!

Macht euch Tischtennis genauso viel Spaß wie mir? Hoffentlich – denn es ist sicher eine der schnellsten, spannendsten und auch abwechslungsreichsten Sportarten. Sie kann einen aber auch manchmal ganz schön zur Verzweiflung bringen, wenn man z. B. Aufschläge nur hoch oder gar nicht retournieren kann oder das Spiel gegen verschiedene Belagtypen einfach noch nicht verstanden hat.

Falls ihr euch vielleicht manchmal auch darüber wundert, warum euer Trainer gegen den einen Gegner mehr über die Vorhandseite zu spielen rät, gegen den Nächsten aber genau das Gegenteil, kann euch das vorliegende Buch mit vielen Beschreibungen und Tipps zum eigenen Spiel einige Ratschläge geben.

Ich wünsche euch gute Unterhaltung und noch mehr Antworten auf offene Fragen! Und falls ihr Lust habt, etwas bei den Großen abzuschauen, so empfehle ich euch einen Besuch bei Spielen der Tischtennisbundesliga – gibt's auch immer öfter im Fernsehen ...

Ciao!

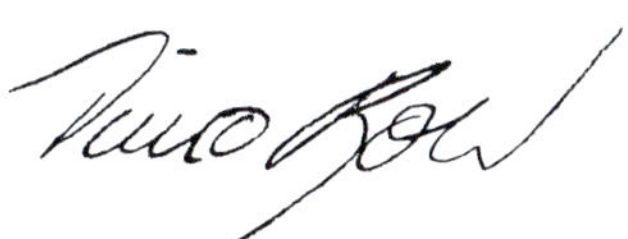

Timo

VORWORT ZUR ACHTEN AUFLAGE

Kennst du das auch? Du hast gerade gegen einen Spieler verloren, von dem du auch jetzt noch nach dem Spiel der Meinung bist, dass du eigentlich der Stärkere von euch beiden seist.

Wie kommst du zu dieser Meinung?

Vielleicht hat er ja nicht so eine elegante Technik wie du - gerade beim wichtigen Schlag, dem Vorhandtopspin? Oder du hast *nur* verloren, weil du den einen Aufschlag immer wieder nicht kontrolliert returnieren konntest. „Aber sonst", wirst du nun möglicherweise einwerfen, „war ich ihm doch wirklich in allen Belangen haushoch überlegen!"

Stimmt das wirklich?

Überlegen wir uns doch erst einmal, aus welchen Komponenten (Zutaten) sich die Spielstärke eines Tischtennisspielers zusammensetzt.

Als Erstes fällt uns dazu die Technik ein, denn die trainiert man ja schließlich am meisten (wir nennen da nur ein Stichwort: Balleimertraining).

Eine weitere Komponente ist sicherlich auch die Fitness (auch Kondition genannt). Sie setzt sich aus den fünf Bereichen, Schnelligkeit, Koordination, Beweglichkeit, Ausdauer und Kraft zusammen, die jeder Spieler benötigt.

Muss man beim Tischtennis eigentlich auch *cool* sein? Wir denken schon. Denn was nützt einem all sein Können, wenn man vor Nervosität im Wettkampf nie seine Normalform erreicht - die Rede ist vom typischen *Trainingsweltmeister.*

Dies kann sich dadurch bemerkbar machen, dass du während der Ballwechsel viel zu hektisch handelst und so unnötige leichte Fehler machst bzw. deine Chancen nicht konsequent nutzt.

Es kann sich aber auch darin äußern, dass du sprichwörtlich wie das Kaninchen vor der Schlange stehst und so verkrampft bist, dass deine Aktionen nur im Zeitlupentempo ablaufen und so für den Gegner leicht auszurechnen sind.

Boris Becker hätte früher dazu gesagt: „Ich war heute mental nicht so gut drauf!"

Und schon sind wir bei der vierten Komponente, die unserem Buch den Namen gibt – die Taktik.

Hierbei soll es nicht nur darum gehen, dir zu erklären, wie man gegen bestimmte Spielertypen spielt. Das vorliegende Buch soll dazu beitragen, dass du lernst, durch Training dein taktisches Wissen auch im Spiel – quasi automatisch – anzuwenden. Dazu haben wir zu vielen Kapiteln jeweils einen Übungsteil hinzugefügt, der dir mit vielen Trainingstipps dabei behilflich sein soll.

Um zu der Eingangsfrage zurückzukehren.

Wir spielen Tischtennis nicht, um eine bilderbuchmäßige Technik zu demonstrieren, sondern um zu gewinnen.

Dabei ist das Erlernen einer guten Technik unumgänglich. Aber wir denken, dass viele Trainer und Übungsleiter zu viel Wert darauf legen, die Schlagtechniken zu perfektionieren, anstatt zu zeigen, wie und wann man sie auch punktgewinnend einsetzt.

Dazu braucht man einen gewissen theoretischen Hintergrund. Man muss lernen, das Tischtennisspiel zu verstehen. Aber wer hat schon einmal an so einer Art Tischtennisunterricht teilgenommen?

Um ambitionierten Nachwuchsspielern in diesem Bereich eine Hilfe an die Hand zu geben, haben wir uns entschieden, dieses Buch zu schreiben.

Dabei versuchen wir, teilweise recht komplizierte Sachverhalte möglichst verständlich zu erläutern. Um das Beschriebene leichter nachvollziehbar zu machen, haben wir viele Fotos und Abbildungen integriert. Die fünf *Taktikfüchse* geben als ständiger Begleiter des Lesers wertvolle Tipps und Hinweise.

Die Grafiken und Bilder können auch engagierten Trainern und Übungsleitern als Vorlage für einen Theorieunterricht dienen, der unserer Meinung nach zu einem festen Bestandteil des Tischtennistrainings werden sollte.

Bleibt uns noch dir – lieber Leser – viel Spaß bei der Lektüre der aktualisierten 8. Auflage und alles Gute auf *deinem persönlichen Weg zum Erfolg* zu wünschen !!!

Hannover und Münchrath, im Januar 2022

Klaus-M. Geske und Jens Mueller

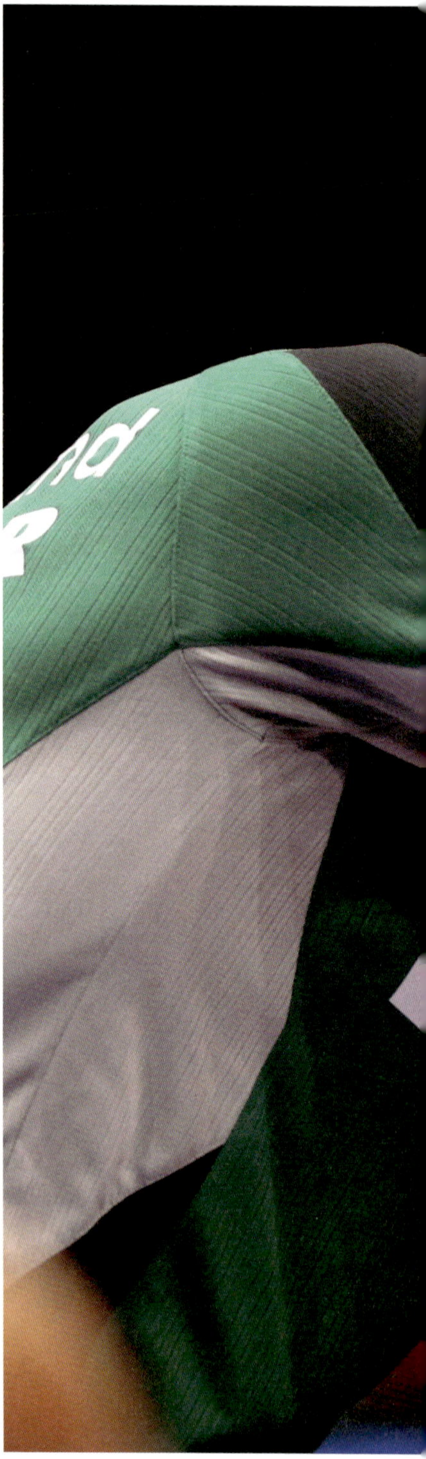

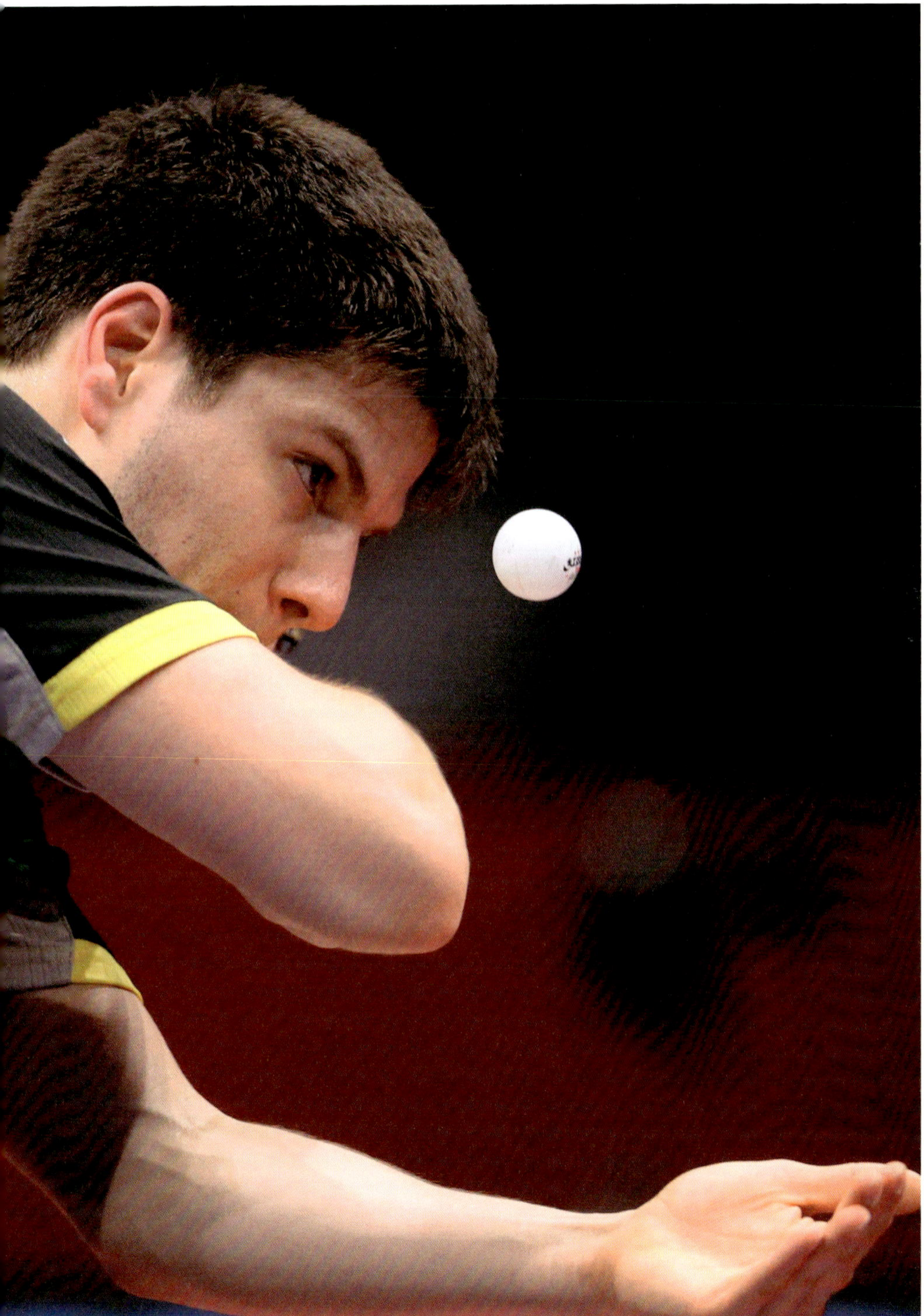

BEVOR ES LOSGEHT, AN DIESER STELLE NOCH EINIGE HINWEISE:

Wir beschränken uns bei unseren Ausführungen auf die **Beschreibungen für Rechtshänder**, um das Ganze zu vereinfachen.

Falls du Linkshänder bist, musst du an einigen Stellen etwas umdenken, was aber bestimmt kein Problem darstellen wird! Ist z. B. die Rede davon, weiter nach rechts in die Vorhandseite zu spielen, bedeutet das für Linkshänder genau das Umgekehrte, nämlich weiter nach **links** in die Vorhandseite zu spielen!

Wenn wir davon sprechen, einen Ball **diagonal** zu spielen, bedeutet das, ***schräg*** zu spielen, also z. B. bei zwei Rechtshändern von Vorhandseite zu Vorhandseite.

Schlagen wir dir vor, **parallel** zu spielen, musst du den Ball von deiner momentanen Position aus quasi **geradeaus** spielen, also bei den eben erwähnten beiden Rechtshändern wäre das beispielsweise von Vorhandseite zur Rückhandseite des Gegners!

In den Übungsteilen, die an einzelnen Kapiteln angeschlossen sind, wirst du oft die Formulierung: „Schlage kurz über den **ganzen Tisch** auf", finden. Damit ist gemeint, dass du den Ball spielen kannst, wohin du willst, nur kurz soll es sein.

Manche Übungen enden im **freien Spiel**. D. h., nach einigen vorgegebenen Ballwegen sollst du und dein Partner, mit dem du diese Übung spielst, versuchen, den Punkt zu machen!

Dies macht die Übung wettkampfnah. Während ihr die Übungen, die nicht im freien Spiel enden, *zusammen* spielt, spielt ihr bei Übungen mit anschließendem freien Spiel gegeneinander. Im freien Spiel wird dein Partner quasi zum Gegner.

Auch wenn es bei einer Übung heißt: „Spiele einen kurzen Aufschlag", so sollst du doch ab und zu einen langen Überraschungsaufschlag machen, damit dein Partner nicht zu sehr auf kurze Aufschläge fixiert ist und beispielsweise den Aufschlag ganz nah am Tisch stehend erwartet, um sich nicht viel bewegen zu *müssen*. Sobald du dies beobachtest, solltest du ihn mit einer langen Platzierung *erwischen*. Denke auch im Wettkampf daran!

Das Gleiche gilt natürlich auch für den Rückschläger, der, obwohl z. B. eine lange Rückgabe in die Vorhandseite gefordert ist, ruhig auch einmal kurz ablegen darf, um das Ganze nicht eintönig werden zu lassen.

Gleichzeitig fördert dieses Einstreuen von Überraschungsmomenten eure Kreativität und eure Beobachtungsgabe!

Für die Begriffe Vorhand und Rückhand benutzen wir in den Übungsteilen die gängigen Abkürzungen VH und RH!

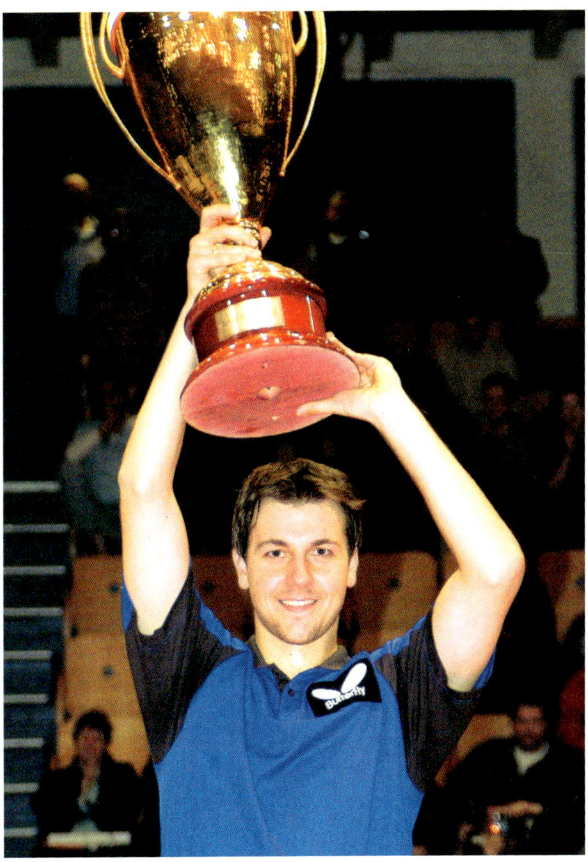

Außerdem haben wir uns ebenfalls aus Gründen der Vereinfachung erlaubt, jeweils nur die männliche Form zu benutzen, wenn es um die Bezeichnung von Personen geht. Dass beispielsweise mit dem Begriff Abwehrspieler sowohl Männer als auch Frauen gemeint sind, versteht sich für uns von selbst.

DIE PLATZIERUNG

01

1.1 ELLBOGEN

1.2 STREUWINKEL

1.3 DIE SCHLÄGERHALTUNG

1.4 SPIELSYSTEME

1.5 ÜBUNGEN

1 DIE PLATZIERUNG

In unserem ersten Kapitel wollen wir dir zeigen, wie wichtig es ist, deine Schläge richtig auf der gegnerischen Tischhälfte zu platzieren. Zur Orientierung benutzen wir dabei zwei verschiedene Zoneneinteilungen für den Tisch. Bei der ersten Zoneneinteilung wird eine Tischhälfte in drei Zonen unterteilt und zwar in

- die **Netzzone**,
- die **Mittelzone** und
- die **Grundlinienzone**.

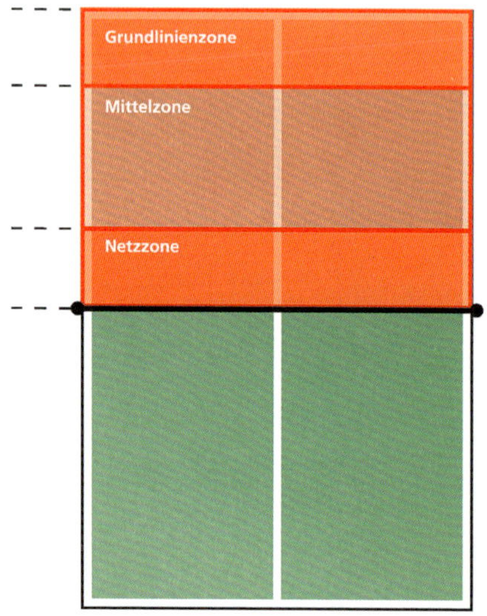

Abb. 1: Erste Zoneneinteilung Tisch

Da diese Einteilung noch recht grob ist, möchten wir dir noch eine zweite Möglichkeit vorstellen. Bei dieser wird die Tischhälfte in vier Bereiche aufgeteilt und zwar (von links nach rechts) in

- **weite Vorhand**,
- **Vorhandbereich**,
- **Rückhandbereich** und
- **weite Rückhand**.

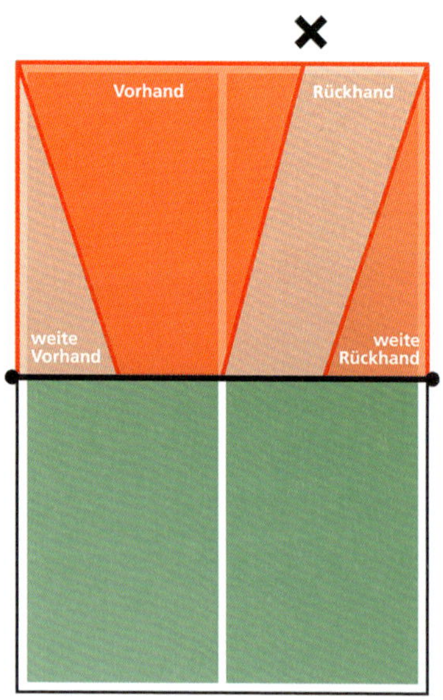

Abb. 2: Zweite Zoneneinteilung Tisch

Die vier Bereiche werden durch den Platzierungspunkt „Ellbogen" komplettiert (siehe schwarzes Kreuz), der dir in Abschnitt 1.1 näher erläutert wird. Die beiden dargestellten Tischaufteilungen ergänzen sich gegenseitig sehr gut, da du dadurch Platzierungen genauer beschreiben kannst, z. B. „lang (Grundlinienzone) in die tiefe Vorhand".

UND WAS SOLL DAS GANZE?

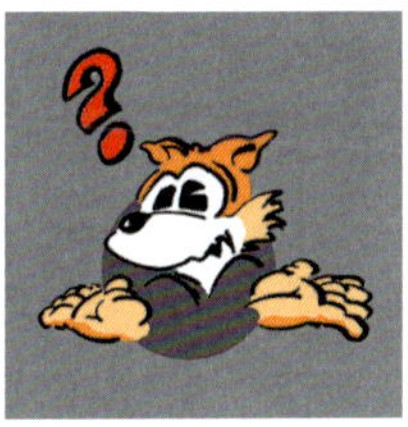

Es soll dir helfen, deinen Gegner bewusster zu beobachten und so seine starken und schwachen Seiten zu erkennen. Spielst du beispielsweise einen VH-Topspin aus deiner VH-Seite, so solltest du dir vorher überlegen, ob dein Gegner stärker mit der VH-Seite oder besser mit der RH-Seite blockt und ihn dann natürlich häufiger auf seiner schwachen Seite anspielen. Zudem bist du besser in der Lage, dich mit deinem Trainer vor einem Wettkampf abzusprechen, wenn ihr die gleichen Fachbegriffe benutzt. So lassen sich unnötige Missverständnisse vermeiden.

MIT WELCHEN TECHNIKEN KANNST DU DIE VERSCHIEDENEN ZONEN AM ERFOLGREICHSTEN ANSPIELEN?

Die **Netzzone** kannst du mit kurzen Aufschlägen, Schupfbällen und Stoppbällen anspielen. Ein Ball gilt als kurz, wenn er mindestens 2 x auf der gegnerischen Tischhälfte aufspringt – natürlich vorausgesetzt, man lässt ihn aufspringen, nimmt ihn also nicht an.

Die **Mittelzone** solltest du möglichst nur in der weiten Vorhand- oder Rückhandseite anspielen sowie mit Schlägen, bei denen dein Gegner nicht zweifelsfrei erkennen kann, ob sie noch ein zweites Mal auf dem Tisch aufspringen oder lang sind, also hinter dem Tisch herunterfallen würden. Andere Platzierungen in die Mittelzone sind nicht anzustreben, weil sie deinem Gegner in der Regel keine Probleme bereiten werden, da sie für ihn einfach zu erreichen sind.

Die **Grundlinienzone** solltest du besonders in der weiten Vorhand- und der weiten Rückhandseite sowie auf dem Platzierungspunkt „Ellbogen" anspielen, denn Bälle mit derartiger Platzierung sind für deinen Gegner nur schwer zu erreichen. Du kannst sie mit allen Schlagtechniken außer kurzem Schupfball und Stoppball anspielen.

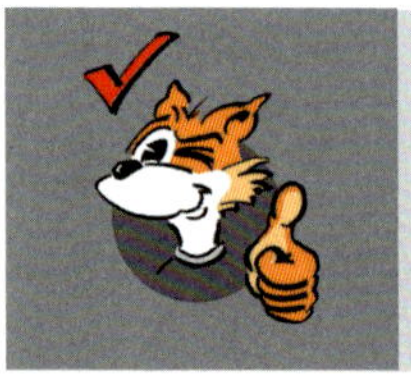

Besonders dein Topspin wird viel gefährlicher, wenn du ihn möglichst lang (in die Grundlinienzone) spielst!

1.1 ELLBOGEN

Diesen Platzierungspunkt solltest du dir unbedingt merken, denn er kann deinem Gegner große Probleme bereiten!

Der *Ellbogen* ist der Punkt, an dem sich ein Spieler mit Shakehandschlägerhaltung (siehe dazu Abschnitt 1.3) entscheiden muss, ob er den ankommenden Ball mit der VH- oder der RH-Seite zurückspielt.

Da diese Entscheidung oft unter großem Zeitdruck getroffen werden muss und meistens ein seitlicher Schritt notwendig ist, um günstig zum Ball zu stehen, bereitet eine solche Platzierung besonders größeren und unbeweglicheren Spielern Schwierigkeiten.

Achte aber darauf, dass dieser Punkt bei jedem Spieler von seiner Stellung zum Tisch abhängig ist, welche sich auch im Ballwechsel häufig verändert!

Der Platzierungspunkt *Ellbogen* verschiebt sich immer mehr nach rechts (zur Vorhandseite), desto kürzer der anzunehmende Ball auf dem Tisch aufspringt und angenommen wird. Dieser Sachverhalt lässt sich durch die größere Reichweite und Beweglichkeit, besonders im mittleren Tischbereich, der Rückhandseite über dem Tisch erklären.

Weitere Informationen zum Thema „Ellbogen" findest du in diesem Kapitel unter den Punkten 1.4.1 und 1.4.2 „Kennzeichen von vorhand- und rückhanddominanten Spielern".

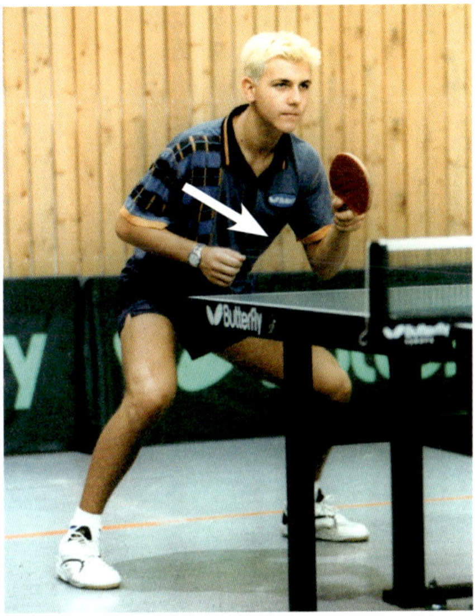

Foto 1

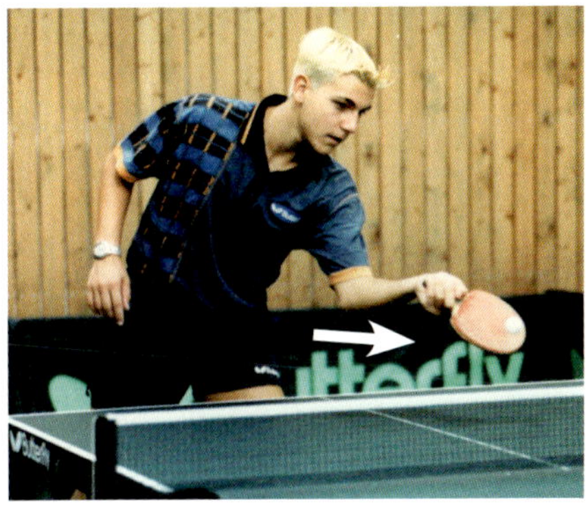

Foto 2

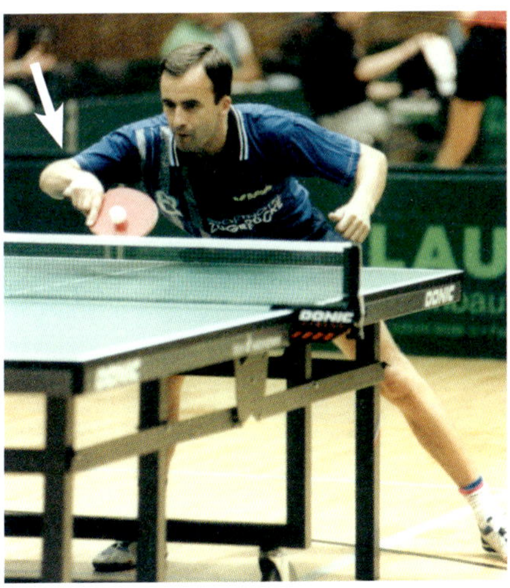

Foto 3

Hier siehst du die Verschiebung des Platzierungspunkts *Ellbogen* zur Vorhandseite bei kurzen Bällen.

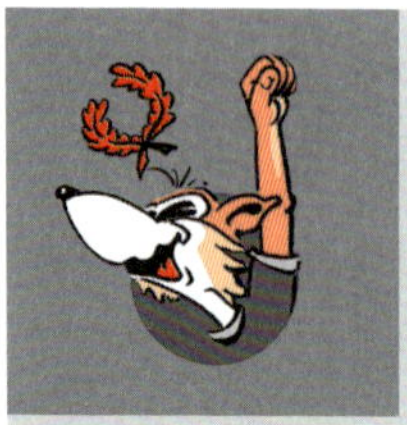

Besonders gegen gute Blockspieler, die sowohl auf der VH- sowie auf der RH-Seite ***dicht*** *sind, ist es ratsam, öfter die Platzierung* ***Ellbogen*** *anzuspielen! Aber auch ein gut platzierter Schupfball oder Block auf den Ellbogen kann selbst Weltklassespieler wie Timo in arge Bedrängnis bringen (siehe Fotos 4 und 5)!*

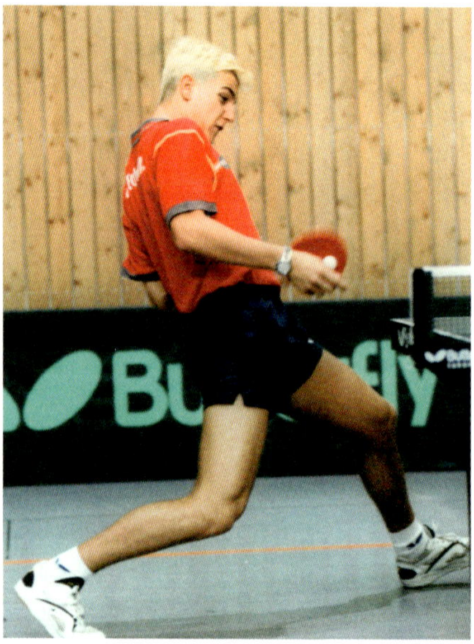

Foto 4

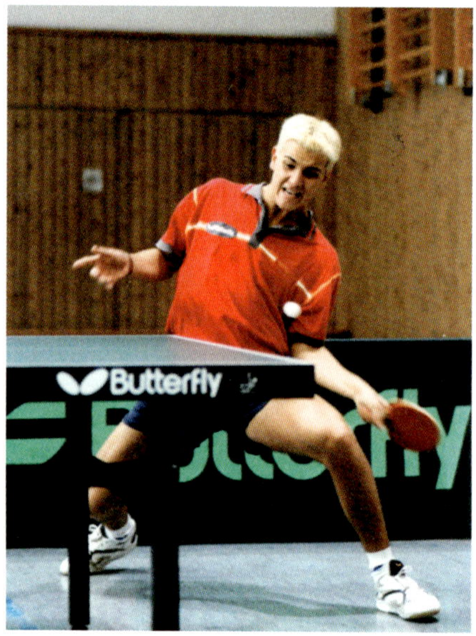

Foto 5

1.2 STREUWINKEL

Ist dir eigentlich schon einmal aufgefallen, dass sich durch die Veränderung der Platzierung deiner Schläge auch die Platzierungsmöglichkeiten für die Rückschläge deines Gegners verändern?

Durch den Streuwinkel werden alle Platzierungsmöglichkeiten dargestellt, die von einem Balltreffpunkt auf dem Tisch aus möglich sind. Folglich kann jedem Balltreffpunkt ein **Streuwinkel** zugeordnet werden.

Keine Angst, es klingt komplizierter, als es ist!

Zur Veranschaulichung zeigen wir dir die folgenden Streuwinkel der Balltreffpunkte:

- lang in weite Vorhand
- lang in weite Rückhand
- lang in Tischmitte
- kurz in Tischmitte

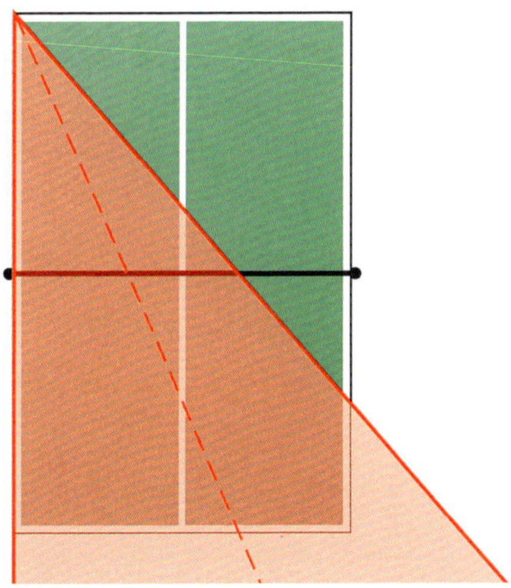

Abb. 3: Streuwinkel Vorhand

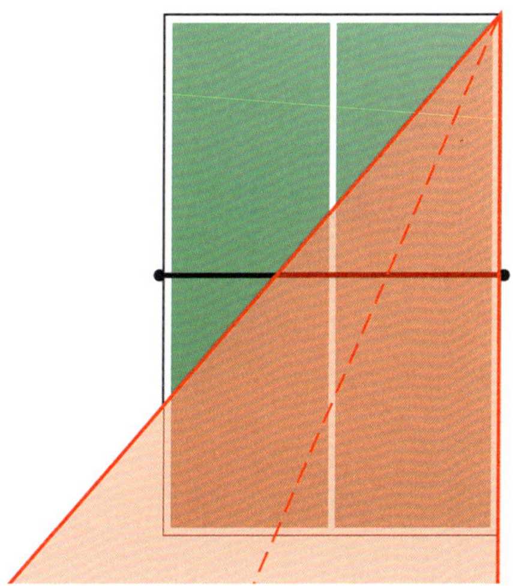

Abb. 4: Streuwinkel Rückhand

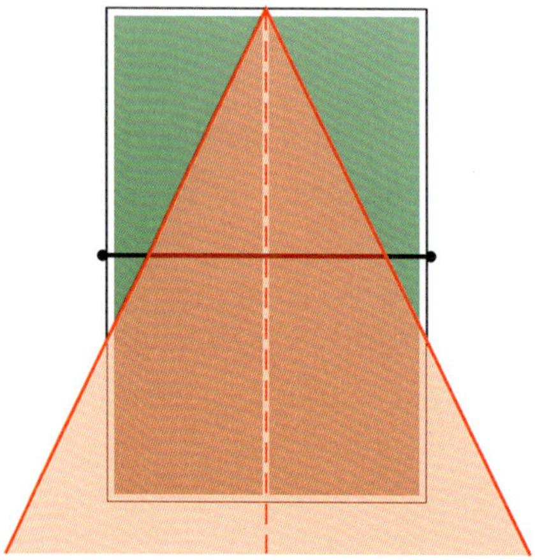

Abb. 5: Streuwinkel, lang in Tischmitte

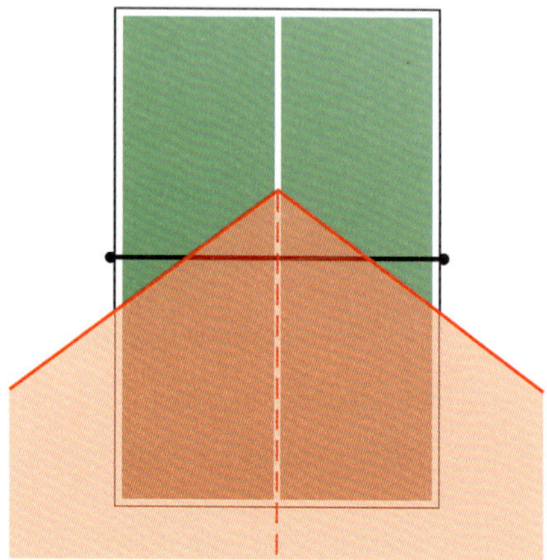

Abb. 6: Streuwinkel, kurz in Tischmitte

1.2.1 FOLGEN FÜR TRAINING UND WETTKAMPF

FALL 1:

Spielst du einen Ball lang in die weite Vorhand (siehe Abbildung 3), so kann dein Gegner seinen Rückschlag maximal parallel in deine tiefe Rückhand platzieren. Diagonal kann er dagegen seinen Schlag seitlich sehr weit heraus in deine Vorhandseite spielen.

> FOLGE:
>
> Um deine Vorhandseite beim nächsten gegnerischen Schlag ausreichend abzudecken, veränderst du deine Stellung zum Tisch in Richtung Vorhandseite!

FALL 2:

Spielst du dagegen einen Ball lang in die weite Rückhand (siehe Abbildung 4), so kann dein Gegner seinen Rückschlag maximal parallel in deine tiefe Vorhand platzieren. Diagonal kann er dagegen seinen Schlag seitlich sehr weit heraus in deine Rückhandseite spielen. Die Platzierungsmöglichkeiten sind für deinen Gegner im Vergleich zum Fall 1 also genau umgekehrt.

FOLGE:

Um deine Rückhandseite beim nächsten gegnerischen Schlag ausreichend abzudecken, veränderst du deine Stellung zum Tisch, im Vergleich zum Fall 1, in Richtung Rückhandseite!

FALL 3:

Auf einen Ball mit der Platzierung lang in Tischmitte (siehe Abbildung 5) kann dein Gegner sowohl in deine Vorhand- wie in deine Rückhandseite gleichermaßen tief diagonal spielen. Beachte dabei, dass er, im Vergleich zum Fall 1 und 2, diagonal aber nicht so eine weite Platzierungsmöglichkeit hat.

FOLGE:

Um auf einen gegnerischen Rückschlag in Vor- oder Rückhandseite gleich gut vorbereitet zu sein, solltest du dich so zum Tisch stellen, dass sich dein Schläger etwa auf der Winkelhalbierenden des Streuwinkels befindet (siehe gestrichelte Linie – hier gleich Mittellinie)!

1.2.2 FAZIT ZUM THEMA STREUWINKEL

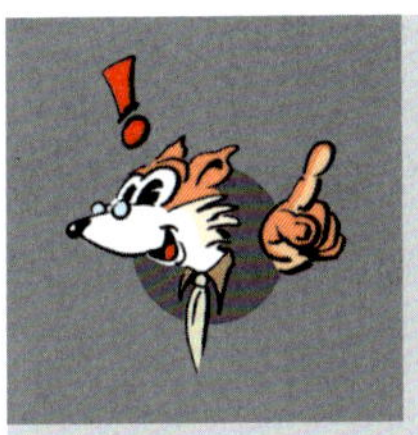

Stelle dich nach Beendigung deines eigenen Schlags immer umgehend so zum nächsten gegnerischen Ball, dass du dich mit deinem Schläger auf der Winkelhalbierenden des jeweiligen Streuwinkels befindest!

Dies führt dazu, dass sich deine Laufwege auf ein Minimum begrenzen und du deine Tischhälfte auf beiden Seiten jederzeit gleich gut abdeckst. Jan-Ove Waldner und Vladimir Samsonov gehören sicherlich zu den Spielern der absoluten Weltspitze, die dieses Prinzip am konsequentesten in ihren Wettkämpfen nutzen. Da sie den Zeitraum zwischen ihren jeweiligen Schlägen optimal dazu gebrauchen, sich bereits auf den kommenden Schlag vorzubereiten, kommen sie viel seltener in Zeitnot als andere Spieler. Die Folge ist ein ruhigerer und fehlerfreierer Spielrhythmus.

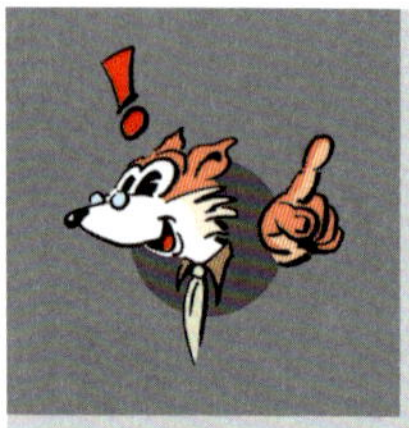

Vergeude deine Zeit nach einem Schlag folglich nicht damit, dass du lediglich schaust, ob der Ball auf der gegnerischen Tischhälfte fehlerfrei aufspringt! Bereite dich vielmehr schon, während du dem Ball hinterherschaust auf deinen nächsten Schlag vor!

Bewege dich so lange zur Winkelhalbierenden des Streuwinkels, bis du sie erreicht hast oder du die Platzierung des nächsten gegnerischen Schlags erkennst!

1.2.3 KURZER BLICK ÜBER DIE EIGENE SPORTART HINAUS

Den gerade dargestellten Sachverhalt kannst du besonders gut beim Grundlinienduell im Tennis am Bildschirm beobachten. Die Laufwege sind beim Tennis im Vergleich zum Tischtennis größer, aber die Spieler haben zwischen den einzelnen Schlägen dafür mehr Zeit.

Wird nun ein Spieler tief in einer Ecke angespielt, so bewegt er sich zuerst in die angespielte Ecke, dann führt er seinen Schlag aus und bewegt sich bereits, **bevor** der Ball das gegnerische Feld erreicht hat, zurück zur Platzmitte.

Würde er dagegen nach seinem Schlag in der angespielten Ecke stehen bleiben, so könnte der Gegner ihn mit seinem nächsten Schlag in die andere Ecke sehr leicht ausspielen.

Was beim Tennis geradezu als selbstverständlich empfunden wird, da größere Laufwege durch falsches Stellungsspiel sofort auffallen und Fehler verursachen, wird beim Tischtennis noch allzu häufig vernachlässigt oder einfach nicht erkannt.

Die Laufwege sind in unserer Sportart zwar kürzer als beim Tennis, dafür hast du aber auch viel weniger Zeit zur Verfügung!

1.3 DIE SCHLÄGERHALTUNG

Für den ehemaligen schwedischen Nationaltrainer Glenn Östh (Mannschaftsweltmeister bei den Herren 1989) hat die Schlägerhaltung den größten Einfluss auf die technischen Möglichkeiten eines Spielers. Er bezieht sich dabei auf die in Europa am meisten verbreitete Schlägerhaltung, die so genannte **Shakehandgriffhaltung**. Diese Schlägerhaltung lässt sich in drei Griffhaltungen unterteilen:

NEUTRALGRIFF

Die obere Kante des Schlägerblatts liegt genau in der Verlängerung der Hautfalte, die sich bildet, wenn Daumen und Zeigefinger der gestreckten Hand zueinander bewegt werden.

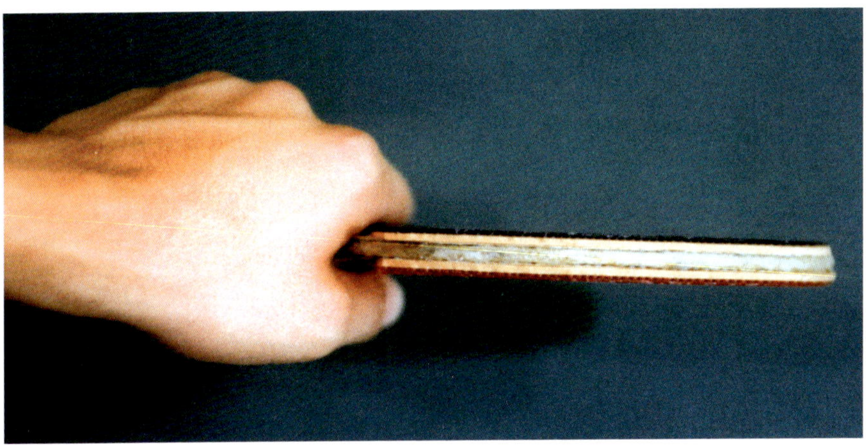

Foto 6

Der Neutralgriff bietet sowohl bei Vorhand- wie Rückhandschlägen eine gleich große Bewegungsfreiheit im Handgelenk. Mit ihm können alle Schlagtechniken ausgeführt werden.

VORHANDGRIFF (FOTO 7)

Das Schlägerblatt wird mehr oder weniger in Richtung des Daumens verkantet. Diese Griffhaltung zeichnet sich durch mehr Bewegungsfreiheit auf der Vorhandseite gegenüber dem Neutralgriff aus. Er eignet sich aus diesem Grund besonders für Vorhandschläge – deshalb auch sein Name. Auf der Rückhandseite ist die Bewegungsfreiheit dagegen kleiner als beim Neutralgriff. Aus diesem Grund ist er für die meisten Rückhandschläge wenig geeignet.

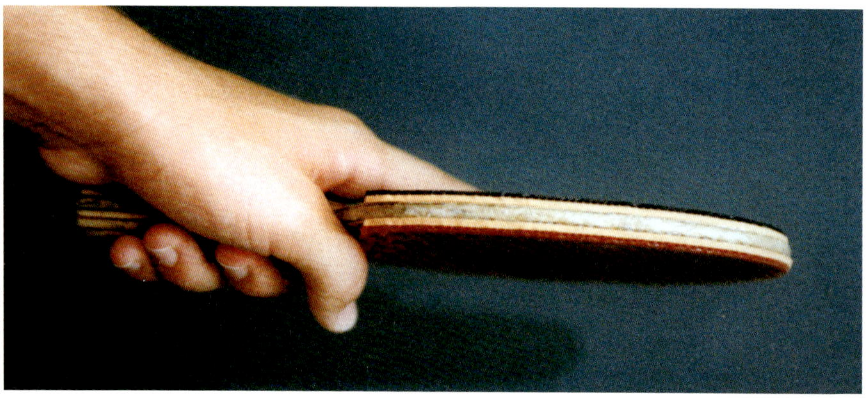

Foto 7

RÜCKHANDGRIFF (FOTO 8)

Bei ihm neigt sich das Schlägerblatt mehr oder weniger zum Zeigefinger hin. Bei dieser Schlägerhaltung ist die Bewegungsfreiheit auf der Rückhandseite gegenüber dem Neutralgriff größer. Deshalb eignet er sich auch besonders für Rückhandschläge – was der Name unterstreicht.

Für die meisten Vorhandschläge ist er wegen seiner geringeren Bewegungsfreiheit, im Vergleich zum Neutralgriff, dagegen weniger geeignet.

Neben diesen drei Arten gibt es aber noch unzählige Varianten, wie beispielsweise den extremen Vorhand- und den extremen Rückhandgriff. Bei diesen erhöhen sich die Vor-, aber genauso auch die Nachteile! Östh & Fellke (siehe Literaturverzeichnis) weisen zudem noch auf einen anderen Aspekt bei der Schlägerhaltung hin:

„Wichtig ist auch, wo der Spieler den Schläger greift. Diejenigen, die den Schläger sehr hoch greifen (d. h. sehr nahe am Schlägerblatt mit den Belägen – Anm. der Autoren), wie der Doppelweltmeister von 1985, Ulf Carlsson, erhalten dadurch eine gute Stabilität und eine große Kraftentwicklung bei Schlägen, die einen langen Bewegungsablauf erfordern. Die Bewegungen des Handgelenks sind allerdings vor allem beim kurzen Spiel stark eingeengt. Ein tieferes Greifen des Schlägers (also ganz unten am Schlägergriff – Anm. der Autoren), wie es Jörgen Persson bevorzugt, verlagert den Schwerpunkt des Schlägers und nimmt dem Spieler die Kontrolle des Schlägers bei langen Bewegungen. Die Bewegungsfreiheit des Handgelenks ist groß, was für den Spieler enorme Vorteile beim Aufschlag und direkt hinter dem Netz bedeutet."

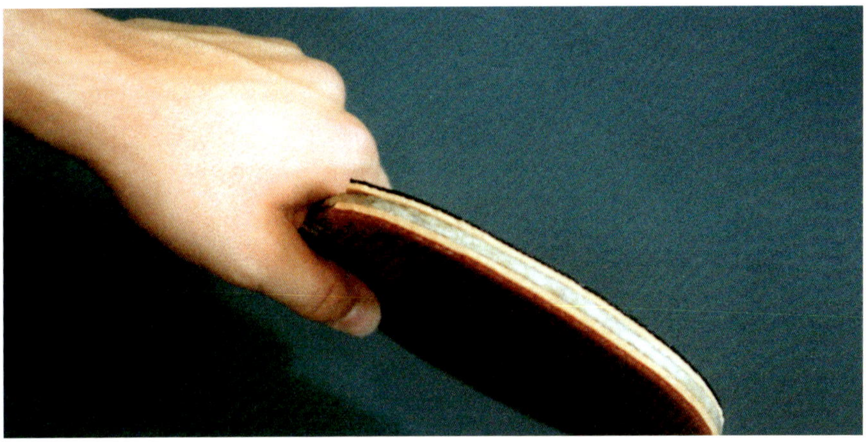

Foto 8

1.3.1 DAS GRIFFSCHEMA NACH ÖSTH/FELLKE

Das folgende Schema wurde vom oben erwähnten schwedischen Trainer Glenn Östh und Jens Fellke, einem ehemaligen schwedischen Erstligaspieler, erstellt. Sie führen darin aus, für welche Schlagtechniken und Seitenwechsel welche Schlägerhaltung Vorteile aufweist. So wird z. B. die Ausführung eines VH-Topspins durch den Vorhandgriff erleichtert, während beispielsweise der Rückhandgriff beim VH-Sidespin vorteilhaft ist. Zudem machen sie darauf aufmerksam, dass es durch ein „Gleitenlassen des Schlägers" (auch Umgreifen genannt) während eines Ballwechsels möglich ist, die Schlägerhaltung so zu ändern, dass möglichst viele Schläge mit einer guten Technik ausgeführt werden können.

Schlagtechnik	Schlägerhaltung
VH-Topspin	VH-Griff
RH-Topspin	RH-Griff
VH-Schuss	RH-Griff
RH-Schuss	VH-Griff
VH-Flipp	VH-Griff
RH-Flipp	RH-Griff
schnell von VH auf RH wechseln	RH-Griff
schnell von RH auf VH wechseln	VH-Griff
VH parallel von der VH-Ecke	VH-Griff
RH parallel von der RH-Ecke	RH-Griff
VH diagonal von der VH-Ecke	RH-Griff
RH diagonal von der RH-Ecke	VH-Griff
VH von Mitte Tisch	VH-Griff
RH von Mitte Tisch	RH-Griff
VH-Sidespin	RH-Griff
defensiv VH-Schnitt	RH-Griff
defensiv RH-Schnitt	VH-Griff

Abb. 7

1.3.2 FOLGEN FÜR TRAINING UND WETTKAMPF

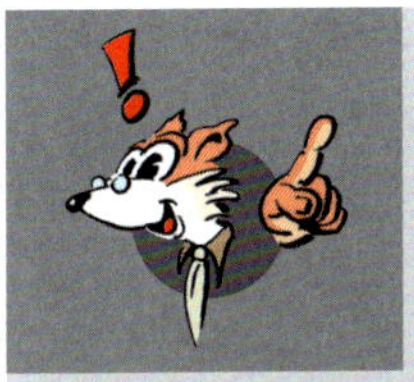

Erlerne am Anfang deiner Tischtenniskarriere zuerst alle Schlagtechniken mit dem Neutralgriff!

Verzichte bewusst auf das oben angeführte Umgreifen während eines Ballwechsels, da es dich in deiner Grundausbildung noch überfordert!

Die Grundausbildung gilt als abgeschlossen, wenn du die verschiedenen Schlagtechniken sicher beherrschst und sich bei dir mehr und mehr ein Spielsystem herauskristallisiert. In dieser Phase ist es sinnvoll, auszuprobieren, ob ein Umgreifen, besonders bei deinen bevorzugten Schlagtechniken, zu einer Verbesserung deiner Spielstärke führt. Sollte dies nicht der Fall sein, so bleibe beim Neutralgriff – damit kannst du nichts falsch machen!

Neben deiner eigenen Schlägerhaltung solltest du aber auch die deines Gegners genau beobachten!

Durch seine bevorzugte Schlägerhaltung, besonders, wenn er nicht umgreift, verrät er dir bereits, welche Schlagtechniken durch seine Griffhaltung unterstützt bzw. behindert werden. Die Kenntnis des Griffschemas von Östh & Fellke hilft dir dabei, seine durch die Griffhaltung verursachten Schwächen gezielt anzuspielen. Darüber hinaus weißt du, zu welchen Schlagtechniken du ihn möglichst selten kommen lassen solltest, da sie wahrscheinlich zu seinen stärksten *Waffen* zählen.

Im nächsten Abschnitt stellen wir dir die beiden Spielsysteme vor, die in Europa am meisten verbreitet sind. Du wirst feststellen, dass dir die Kenntnis der Schlägerhaltungen hilft, die jeweiligen typischen Stärken und Schwächen der beiden Spielsysteme besser zu verstehen.

1.4 SPIELSYSTEME

1.4.1 KENNZEICHEN EINES VORHANDDOMINANTEN SPIELERS

Ein vorhanddominanter Spieler (dominant = vorherrschend/überwiegend) versucht, möglichst viele Schläge mit seiner stärkeren Vorhand – daher auch der Name – auszuführen.

Aus diesem Grund umläuft er seine schwächere Rückhandseite bei jeder sich bietenden Gelegenheit.

Einen typischen vorhanddominanten Spieler (Rechtshänder) erkennst du an den folgenden vier Kennzeichen:

Schlägerhaltung: Der Schläger wird hauptsächlich mit einem Vorhandgriff gehalten!

Fußstellung: Der rechte Fuß befindet sich deutlich nach hinten versetzt!

Stellung zum Tisch: Der Spieler befindet sich in der Rückhandseite!

Ellbogen: Der Platzierungspunkt Ellbogen befindet sich etwas mehr in der Rückhandseite! Dies bedeutet, dass sich der vorhanddominante Spieler mit dem Ellbogen meistens links neben der Winkelhalbierenden des Streuwinkels befindet, da er ja den Tisch weitestgehend mit seiner stärkeren Vorhand abzudecken versucht.

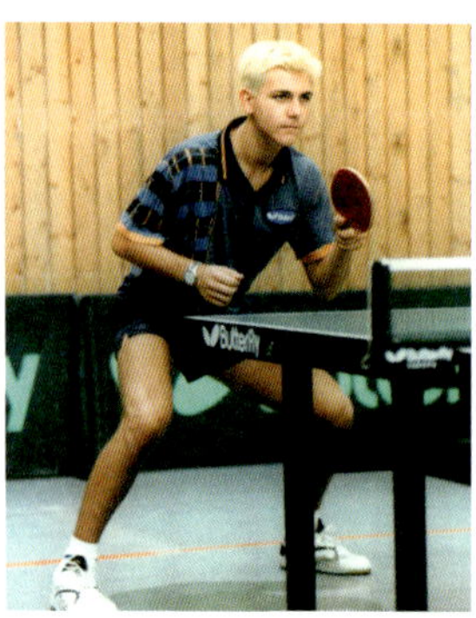

Foto 9a

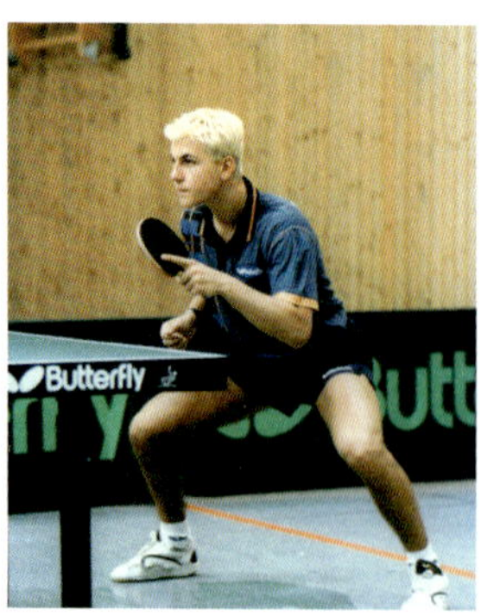

Foto 9b

Achtung: Da Timo Linkshänder ist, musst du hier kurz umdenken!

1.4.1.1 TIPPS FÜR DAS SPIEL GEGEN VORHANDDOMINANTE SPIELER

Durch die oben aufgeführten Kennzeichen ergeben sich für die vorhanddominanten Spieler folgende Schwachpunkte, die gegen sie besonders häufig angespielt werden sollten:

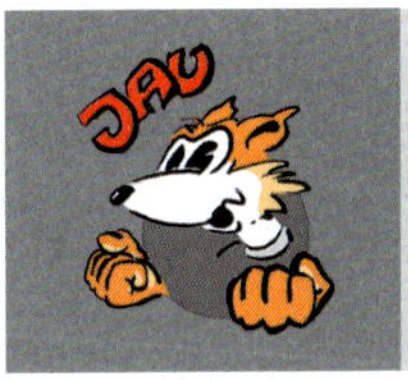

- *Lang in die weite Vorhand- und Rückhandseite!*
- *Kurz in die weite Vorhandseite!*

Bei diesen Platzierungen wird es der vorhanddominante Spieler sehr schwer haben, seine Vorhandschläge wirkungsvoll einzusetzen, da er weite Wege gehen muss und auch oft gezwungen wird, mit seiner schwächeren Rückhandseite zu spielen.

ANMERKUNG:

Vielleicht hört es sich für dich im ersten Moment unlogisch an, dass du einem Spieler, der über stärkere Vorhandschläge verfügt, auch noch in die Vorhandseite spielen sollst. Bedenke aber, dass diese Platzierung den vorhanddominanten Spieler immer wieder daran hindert, seine Rückhandseite zu umlaufen – und darauf ist er ja schließlich spezialisiert.

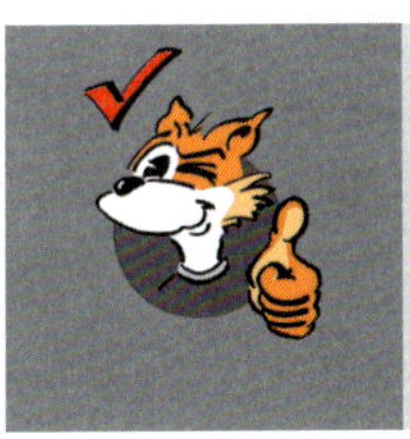

Achte deshalb in Zukunft gegen solche Spieler nicht nur darauf, mit welchen Schlägen sie am gefährlichsten sind, sondern auch, von welcher Platzierung aus sie diese spielen!

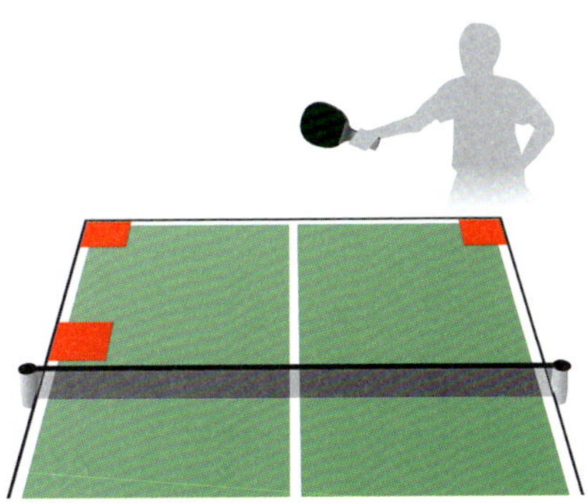

Abb. 8:

Schwache Punkte des vorhanddominanten Spielers

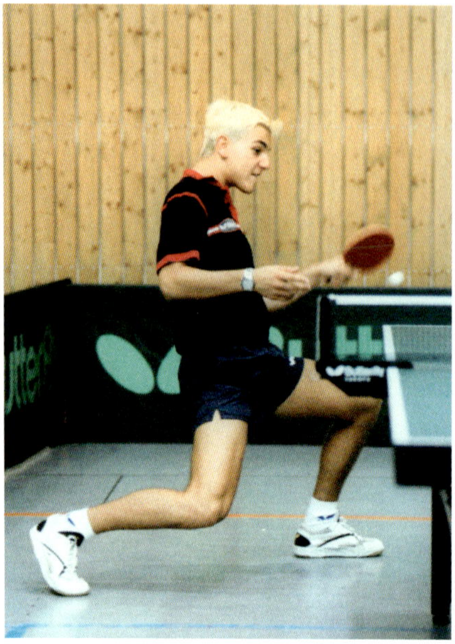

Foto 10

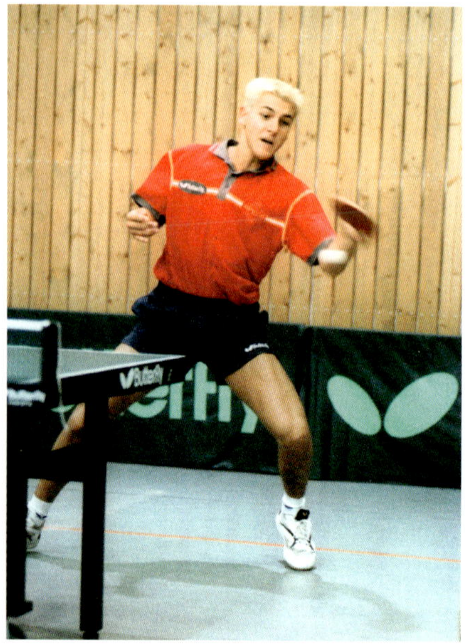

Foto 11

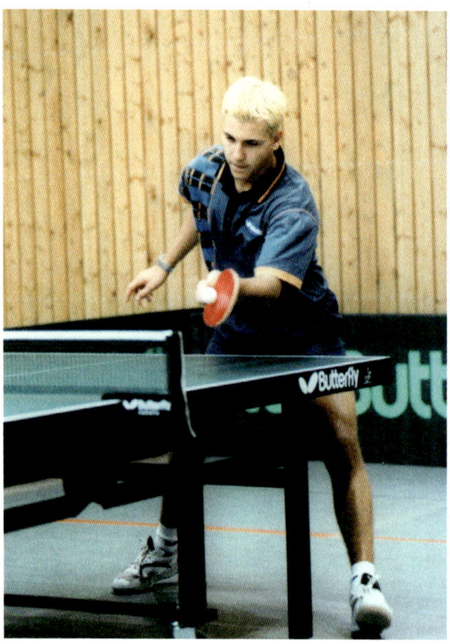

Foto 12

Bei Linkshändern musst du (wie immer) umdenken!

Timo zeigt dir hier die Schwachpunkte eines vorhanddominanten Linkshänders!

1.4.2 KENNZEICHEN EINES RÜCKHANDDOMINANTEN SPIELERS

Ein rückhanddominanter Spieler verfügt über stärkere Rückhandschläge. Deshalb umläuft er seine Rückhandseite nur selten und spielt Bälle, die in seine Tischmitte gespielt werden, vorzugsweise mit seinen stärkeren Rückhandschlägen zurück. Einen typischen rückhanddominanten Spieler erkennst du an den folgenden vier Kennzeichen:

Schlägerhaltung: Der Schläger wird hauptsächlich mit einem Rückhandgriff gehalten!

Fußstellung: Die Füße stehen parallel zum Tisch auf gleicher Höhe!

Stellung zum Tisch: Der Spieler steht etwa in der Mitte des Tisches!

Ellbogen: Der Platzierungspunkt Ellbogen befindet sich etwas mehr in der Vorhandseite! Dies bedeutet, dass sich der rückhanddominante Spieler mit dem Ellbogen zumeist rechts neben der Winkelhalbierenden des Streuwinkels befindet, weil er ja seine Rückhandseite sowie den größten Teil der Tischmitte mit der Rückhand abzudecken versucht.

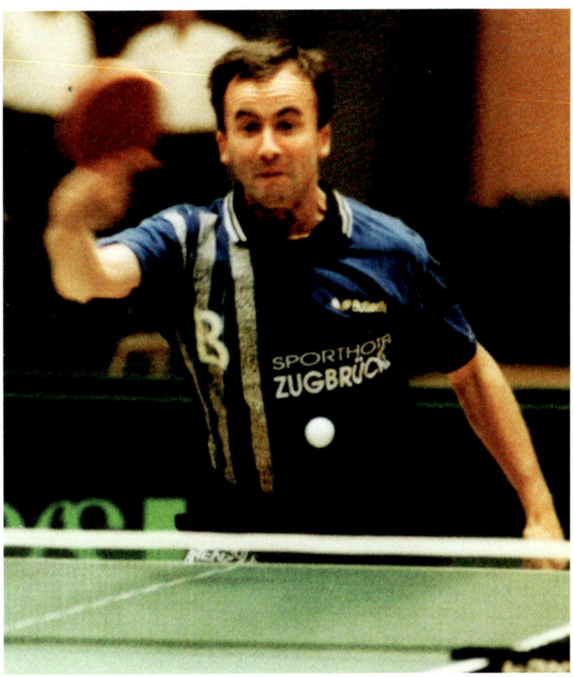

Foto 13

1.4.2.1 TIPPS FÜR DAS SPIEL GEGEN RÜCKHANDDOMINANTE SPIELER

Durch die oben aufgeführten Kennzeichen ergeben sich für den rückhanddominanten Spieler folgende Schwachpunkte, die gegen ihn besonders häufig angespielt werden sollten:

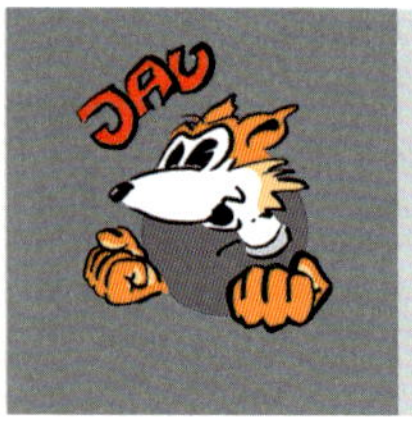

- *Lang auf den Ellbogen und (danach) in die weite Rückhandseite!*
- *Kurz auf die Vorhandseite und auf den Ellbogen!*

Besonders mit der Platzierung auf den Ellbogen hat der rückhanddominante Spieler große Probleme, da er dadurch seine Rückhandseite öffnen muss und somit sehr anfällig für einen Ball in die weite Rückhand ist.

Beachte dabei, dass sich der Platzierungspunkt *Ellbogen* bei der kurzen Platzierung noch weiter in der Vorhandseite befindet als bei der langen Platzierung!

Zudem weist der frühere Trainer der deutschen Nationalmannschaft der Damen, Martin Adomeit, darauf hin, dass sich bei steigendem Stress während eines Wettkampfs der Platzierungspunkt *Ellbogen* noch weiter in die Vorhandseite verschiebt.

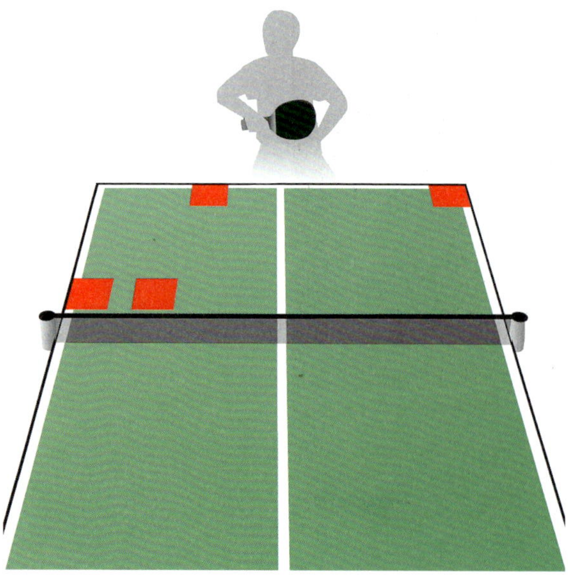

Abb. 9:

Schwache Punkte des rückhanddominanten Spielers

Bedingt durch die Rückhandgriffhaltung ist der rückhanddominante Spieler außerdem nicht in der Lage, gut mit der Vorhand zu flippen, da die Rückhandgriffhaltung die Bewegungsfreiheit beim Flippen mit der Vorhand stark eingeschränkt. Gute, parallele Flippbälle sind mit der Rückhandgriffhaltung fast ganz auszuschließen.

1.4.3 RESÜMEE ZUM THEMA „SPIELSYSTEME"

Nun kennst du einige taktische Mittel gegen bestimmte Spielertypen bzw. weißt, wo sie ihre Stärken haben und was sie nicht so gut bzw. gar nicht können.

Beim Einsatz dieser Mittel ist es aber immens wichtig, dass du ein ständiges Wechselspiel betreibst!

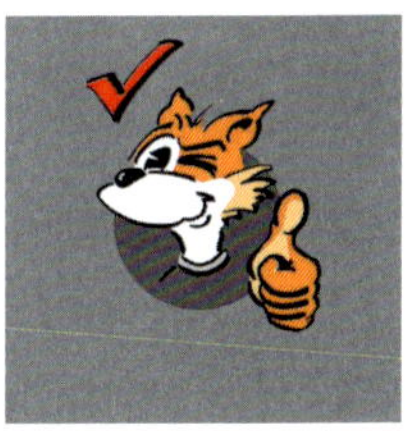

Spielst du beispielsweise einem vorhanddominanten Spieler **ständig** in die Vorhand, wird er es gewiss irgendwann merken und sich darauf einstellen. Er braucht nun nicht mehr dafür zu sorgen, dass er seine schwächere Rückhandseite mit der Vorhand abdeckt, sondern kann sich beruhigt auf seine Vorhandseite konzentrieren.

Daher ist es wichtig, oft die Platzierung zu wechseln!

So kann sich dein Gegner nicht richtig darauf einstellen und du kannst nun gezielt seine Schwachpunkte anspielen.

Es kommt also im Tischtennis nicht nur darauf an, den Ball über das Netz zu spielen, sondern diesen auch gut zu platzieren.

Um zu erkennen, welche Platzierung gut und welche falsch ist, musst du deinen Gegner genau beobachten!

Dies bietet sich schon beim Einspielen an.

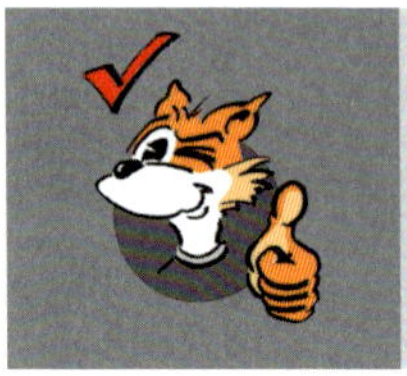

*Aber du solltest auch immer mehr lernen, deinen Gegner **im Spiel** zu beobachten!*

Wenn du dazu in der Lage bist, kannst du dich jederzeit auf das Spiel deines Gegners einstellen und die richtige Wahl der Platzierung vornehmen.

1.5 ÜBUNGEN

A Spiele einen VH-Topspin aus deiner VH-Seite diagonal in die weite VH deines Partners – er blockt zurück in die Tischmitte – du spielst einen zweiten VH-Topspin in die weite RH – er blockt wieder in deine VH-Seite und du spielst einen VH-Topspin auf seinen Ellbogen – danach ist freies Spiel!

Nach ca. 6-8 Minuten kann gewechselt werden, d. h., ihr tauscht einfach die Rollen!

In dieser Übung sollst du lernen, deinen Topspin genau zu platzieren. Der letzte Topspin auf den Ellbogen soll entweder *tödlich* sein oder einen Endschlag vorbereiten.

Dein Partner kann das Abdecken der weiten VH- und RH-Seite üben. Hierbei empfehlen wir, die Wege kurz zu machen. Kommt der Ball in die weite VH, *schneide den Weg ab* und mache mit deinem rechten Bein einen Schritt quasi um den Tisch herum – also nach rechts vorne!

Ähnliches gilt für Bälle, die sehr weit in deine RH-Seite kommen. Hier solltest du mit dem linken Bein einen Schritt nach links vorne um den Tisch herum machen!

B Spiele RH-Topspin aus der RH-Seite – dein Partner blockt immer in die RH-Seite zurück – ziehe zuerst diagonal, dann parallel und dann auf den Ellbogen – danach ist freies Spiel!

Tauscht die Rollen nach ca. 6-8 Minuten!

C Spiele einen kurzen Aufschlag frei über den ganzen Tisch (Netzzone) – dein Partner spielt dich lang (Grundlinienzone) auf deinen Ellbogen oder in deine VH-Seite an (Schupf oder Flipp) – du ziehst VH-Topspin auf seinen Ellbogen – er blockt frei zurück und du spielst einen entscheidenden Topspin oder Schuss in eine der beiden Ecken – danach ist freies Spiel!

Nach ca. 6-8 Minuten tauscht ihr die Rollen!

Hier übst du einen typischen Spielzug für den Wettkampf. Der Topspin auf den Ellbogen soll durch eine gute Platzierung deinen Endschlag vorbereiten!

Daher ist der Block deines Partners auch frei. Er wird nämlich kaum die Möglichkeit haben, dich gut anzuspielen, wenn du vorher genau seinen Ellbogen *getroffen* hast!

Gleichzeitig trainiert dein Partner aber gerade, diesen Bällen durch eine gute Beinarbeit auszuweichen und sie kontrolliert zurückzuspielen!

D Spiele kurze oder schnelle und lange Aufschläge auf den Ellbogen – danach ist freies Spiel!

Wechselt nach ca. 6-8 Minuten!

Bedenke, dass sich bei kurzen Aufschlägen der Platzierungspunkt Ellbogen etwas zur VH-Seite hin verschiebt!

DAS TEMPO

02

2 DAS TEMPO

In diesem Kapitel geht es um die taktische Waffe, die im modernen Tischtennis immer wichtiger zu werden scheint – das Tempo.

Grundsätzlich kann man sagen, dass der Tischtennissport im Laufe der letzten Jahre immer schneller geworden ist. Ein Beispiel dafür ist die Tatsache, dass ein Abwehrspieler heutzutage keine Chance mehr hat, wenn er nicht auch über einen guten Angriff verfügt. Auch die Einführung des neuen, größeren 40-mm-Balls konnte diese Tendenz nicht rückgängig machen. Durch die Wahl eines schnelleren Holzes bzw. dickerer Beläge, konnte die (beabsichtigte) Verlangsamung des Spiels durch den größeren Ball kompensiert bzw. verhindert werden.

2.1 SCHNELL ODER LANGSAM

Es geht darum, dem Gegner durch einen Schlag mit möglichst hohem Tempo keine Zeit für eine angemessene Reaktion zu lassen.

Er steht nicht richtig zum Ball oder kann den Schläger nur noch unkontrolliert hinhalten, falls er den Ball überhaupt noch erreicht. Somit wird sein Ball ungefährlich sein, denn ihm bleibt keine Zeit mehr, zu entscheiden, wie er den Ball schlägt, wohin er ihn platziert und mit welcher Rotation er ihn spielt.

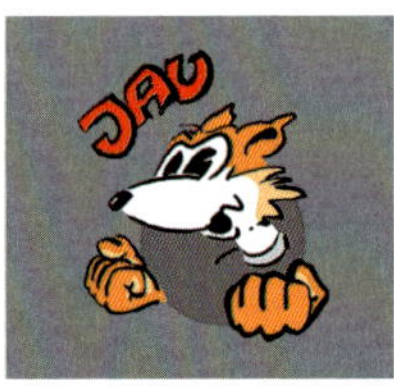

Versuche also, alle Angriffsschläge möglichst schnell zu spielen!

Dabei musst du allerdings abwägen, ob das Risiko für einen schnellen Ball nicht zu hoch ist. Denke daran – ein Punkt durch einen einfachen Fehler deines Gegners zählt genauso viel, wie ein *tödlicher* Topspin!

Das Kapitel 8 (Risikoabschätzung) beschäftigt sich noch einmal ausführlicher mit dieser Thematik.

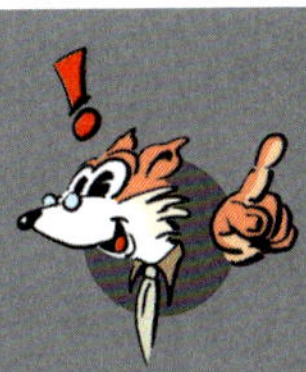

Spiele also nur sehr schnell, wenn du dir sicher bist und du gut zum Ball stehst!

Das meiste Tempo kann man mit Schüssen oder harten Topspins erzielen. Aber auch Konterbälle sowie aktive Blockbälle können sehr schnell sein. Sogar lange, *aggressive* Schupfbälle und schnelle, variable Aufschläge können, in Verbindung mit einer guten Platzierung, den Gegner in Zeitnot bringen.

Aber wenn wir hier über das Tempo schreiben, dürfen und wollen wir nicht unterschlagen, dass auch besonders tempoarme – also ganz langsame Bälle – den Gegner vor Probleme stellen können.

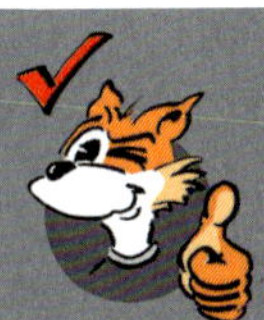

Wenn dein Gegner sich also vom Tisch weg nach hinten bewegt bzw. sich schon dort befindet, spiele ruhig einen langsamen Block oder Stoppball oder schupfe kurz, aber flach!

Bei guter Ausführung wird dein Gegner oft nicht mehr in der Lage sein, diese Bälle zu erlaufen oder er kann sie nur unkontrolliert und ungefährlich zurückspielen!

Jetzt kennst du eine gute Taktik gegen Abwehr- und Halbdistanzspieler. Sie haben mit tempoarmen Bällen manchmal mehr Probleme als mit schnellen. Dem Zeitdruck, unter den sie durch schnelle Bälle geraten können, entgehen sie ja gerade dadurch, dass sie sich einige Schritte vom Tisch entfernen.

2.2 TEMPOWECHSEL

Da wir nun wissen, dass sowohl temporeiche als auch tempoarme Bälle gefährlich sind, muss der **Tempowechsel** die effektivste taktische Waffe in diesem Bereich sein! Dimitrij Ovtcharov, der aktuelle deutsche Meister, sorgt mit seinen Tempowechseln häufig für Verwirrung bei seinen Gegnern.

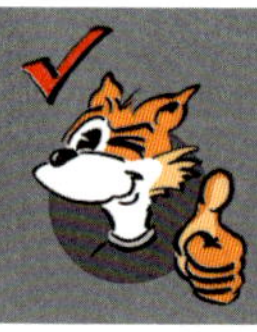

Spiele also nicht ständig nur schnell oder nur langsam, sondern variiere die Geschwindigkeit deiner Schläge!

So verhinderst du, dass sich dein Gegner auf dich einstellen kann.

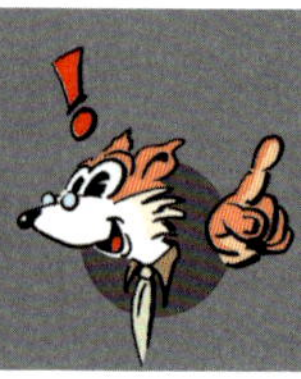

Du musst deinem Gegner immer ***dein*** *Spiel aufzwingen.*

Dabei ist es besonders schwierig, vom langsamen Spiel deines Gegners auf ein schnelles umzuschalten. Hier spielt vor allem das Blocken eine große Rolle.

Während du bei schnell ankommenden Bällen deinen Schläger einfach nur möglichst früh passiv hinhalten musst, ist es bei langsamen Bällen schon etwas schwieriger.

Im ersten Fall kannst du das Tempo des gegnerischen Schlags mitnehmen.

Im zweiten Fall musst du den langsamen Ball selbst beschleunigen. Dies erreichst du durch einen stärkeren Einsatz von Unterarm und Handgelenk beim Blocken.

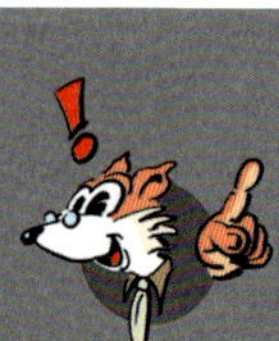

Spiele aktive wie passive Blockbälle immer in der aufsteigenden Flugphase *(siehe dazu auch das nächste Kapitel 3 „Flughöhe"), da du sie dort am kontrolliertesten spielen kannst!*

2.3 ÜBUNGEN

A Übung zum Tempowechsel

Spiele mit deinem Partner jeweils ca. 6-8 Minuten lang VH-Topspin diagonal auf Block! Variiere deine Topspins im Tempo und richte dich dabei nach deiner eigenen Risikoabwägung!

Falls du z. B. merkst, dass du nicht optimal zum Ball stehst, spiele einen langsamen und sicheren Topspin!

Fühlst du dich aber sicher, spiele ihn sehr hart und fest! Wenn ihr die Übung gut beherrscht, kann dein Partner seine Blockbälle variieren, d. h. aktiv und hart auf langsame Topspins blocken oder auch einmal einen passiven Stoppblock einstreuen. So könnt ihr gleichzeitig den Tempowechsel sowohl beim Blocken als auch beim Topspin trainieren!

B Übung zum Maximaltempo

Die beste Möglichkeit, das Spielen mit maximalem Tempo zu üben, bietet das Balleimertraining. Spiele auf zugespielte Bälle möglichst schnelle Topspins, Schüsse oder aktive Blocks!

Wie schnell dein Ball ist, kannst du daran erkennen, wie weit er fliegt, bevor er auf den Boden fällt. So kannst du auch gut deine Trainingsfortschritte beobachten! Kommst du nach einigen Trainingseinheiten weiter als vorher?

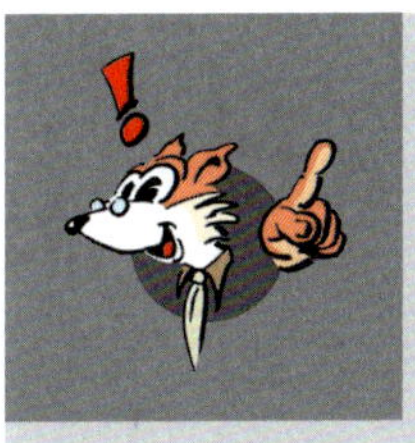

Bei dieser Übung ist allerdings darauf zu achten, dass du dein individuelles Maximaltempo herausfindest, d. h., so schnell wie möglich spielen bei möglichst geringem Risiko, einen Fehler zu machen!

03

3 DIE FLUGHÖHE

Nachdem du im vorangegangenen Kapitel erfahren hast, dass es wichtig ist, einen Ball möglichst schnell zu spielen, um dem Gegner keine Zeit für einen guten Rückschlag zu lassen, folgen nun einige Anmerkungen zur Flughöhe.

3.1 ALLGEMEINES

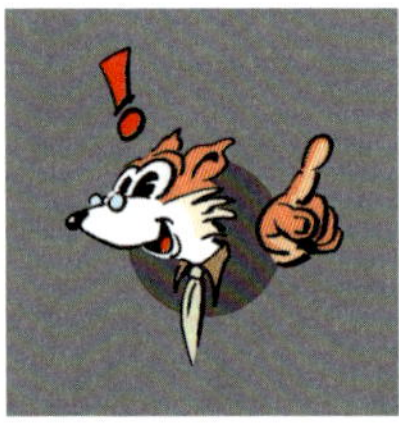

Prinzipiell gilt: Spiele den Ball bei allen Schlägen möglichst flach!

Grundsätzlich sollten alle Schlagtechniken so gespielt werden, dass die Flughöhe, die ja auch mit verantwortlich für die Absprunghöhe des Balls auf dem Tisch ist, möglichst flach gehalten wird. Dadurch verhinderst du, dass dein Gegner den Ball ohne großes eigenes Risiko hart schießen oder mit Topspin ziehen kann.

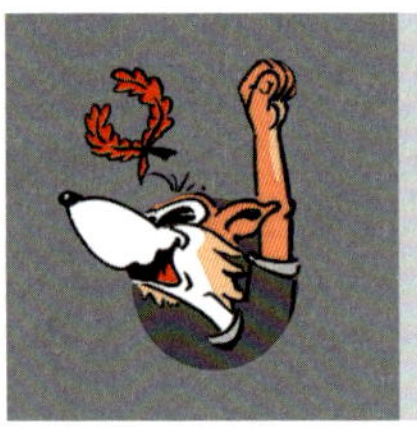

Darum auch die alte, wenn auch nicht ganz ernst gemeinte taktische Anweisung: flach spielen – hoch gewinnen!

Um selbst möglichst flach spielen zu können, ist es wichtig, dass du die verschiedenen Balltreffpunkte nach dem Absprung des gegnerischen Balls auf deiner Tischhälfte beachtest. Diese sind in der folgenden Abbildung dargestellt:

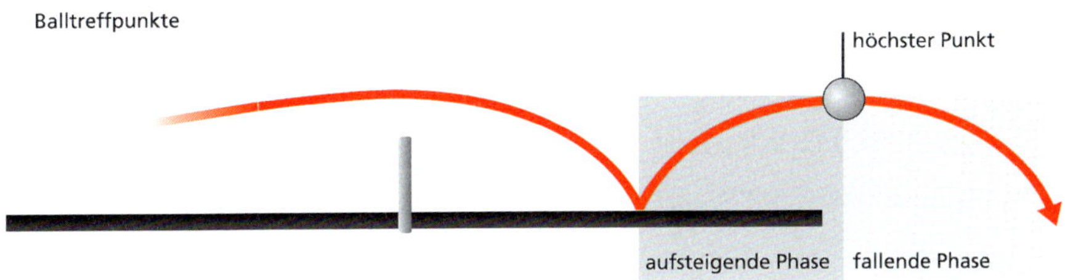

Abb. 10: Balltreffpunkte

In der ersten Phase nach dem Absprung vom Tisch befindet sich der Ball in der **(auf-)steigenden Phase**. Bälle, die sich in dieser Flugphase befinden, eignen sich besonders für folgende Schlagtechniken:

- Zum Blocken – auf gegnerische Topspins, Schüsse oder Konterschläge.
- Zum Kontern – auf gegnerische Konterschläge.
- Zum frühen Topspin am Tisch – auf gegnerische Topspins.
- Zum kurzen Schupfen – auf kurze gegnerische Schupfbälle.

Nachdem ein Ball die aufsteigende Flugphase beendet hat und bevor er in die fallende Phase kommt, befindet er sich für einen kurzen Moment am **höchsten Punkt.** Bälle, die sich an diesem Punkt befinden, eignen sich:

- Zum Schießen – besonders auf höhere gegnerische Schupf-, Block- und Konterbälle sowie auf zu hohe, halblange Topspins.
- Zum harten Topspin – auf gegnerische Block- und Konterbälle sowie auf etwas höher abspringende, halblange und lange Schupfbälle.
- Zum Flipp – auf kurze Schupfbälle und auf kurze gegnerische Aufschläge aller Art.
- Zum langen, aggressiven Schupfen – auf kurze gegnerische Schupfbälle.

Die letzte Flugphase wird als **fallende Phase** bezeichnet und beginnt sofort, nachdem der Ball über den höchsten Punkt hinausfliegt.
Bälle in dieser Flugphase eignen sich für die nachfolgenden Schlagtechniken – sollten aber in der Regel nicht tiefer als in Tischhöhe getroffen werden:

- Für Ballonabwehrschläge – auf gegnerische Schüsse.
- Für lange, halbhohe Topspins – auf lange, flache Schupfbälle.
- Für Unterschnittabwehrschläge – auf gegnerische Topspins und Schüsse.

ANMERKUNG:

Fälschlicherweise wurde früher – teilweise auch heute noch – angenommen, dass langsame Topspins mehr Rotation (in diesem Falle Überschnitt) als schnelle enthalten und deshalb häufiger über den Tisch hinaus ins Aus geblockt werden. Der Grund liegt aber im höheren Absprungwinkel dieser Bälle im Vergleich zu den schnellen Topspins!

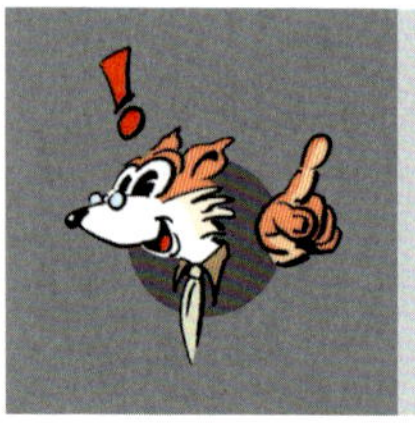

Um einen höheren Absprungwinkel für deine langsamen Topspins zu erreichen, solltest du die Bälle – wie oben aufgeführt – erst etwa in Tischhöhe treffen!

Wie du vielleicht gerade festgestellt hast, gibt es also zwei Ausnahmen, bei denen du den Ball nicht möglichst flach spielen solltest. Die Erste ist uns allen bekannt und macht den Tischtennissport so richtig spektakulär!

3.2 DIE BALLONABWEHR

Wer schon einmal gegen gute Ballonabwehrspieler antreten musste, weiß, dass es sehr schwierig sein kann, richtig hohe und sehr lange Ballonabwehrbälle zu schießen oder abzustoppen. Wenn sie zusätzlich noch Topspin, also Überschnitt haben, werden sie noch gefährlicher.

Somit ist das, was wir leider viel zu selten im Fernsehen bestaunen dürfen, nicht immer nur Show!

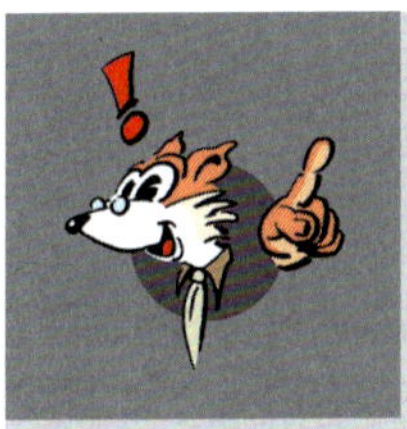

Falls du also in die Situation kommen solltest, Ballonabwehr spielen zu müssen, achte auf die eben erwähnten Punkte: Spiele den Ball

- *möglichst hoch,*
- *möglichst lang und*
- *möglichst mit viel Spin!*

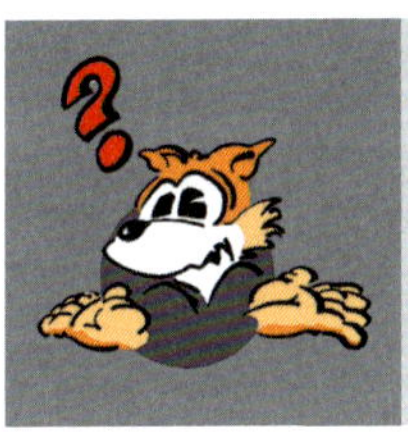

Zum Nachdenken: Warum geht man eigentlich in die Ballonabwehr?

Dies geschieht meistens, nachdem man einen Ball zu hoch und schlecht platziert zurückgespielt hat – aus welchem Grund auch immer!

Wenn man nun am Tisch stehen bleiben würde, hätte man kaum eine Chance, einen harten Schuss noch zu erreichen. Dadurch, dass man sich aber mehrere Meter vom Tisch entfernt, gewinnt man Zeit und ist nun nicht mehr in einer ganz so aussichtslosen Position.

Womit wir bei der zweiten Ausnahme wären!

3.3 DAS ZEITPROBLEM

Es geht also (wieder mal) um die Zeit.

Auf der einen Seite wissen wir, dass wir unserem Gegner durch flache Bälle (die nicht so lange fliegen wie hohe) keine Zeit für einen guten Schlag lassen wollen. Auf der anderen Seite können wir dies natürlich auch für uns selbst nutzen.

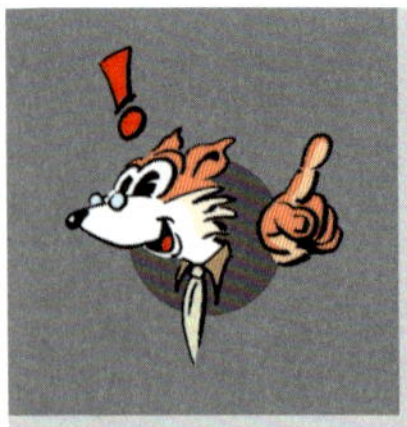

Wenn z. B. dein Topspin weit in deine Vorhandseite zurückgeblockt wird, du ihn nur mit Mühe erlaufen kannst und du somit nicht gut zum Ball stehst, spiele einfach einen langen, weichen und halbhohen Topspin zurück!

Damit gewinnst du Zeit, um wieder in eine günstige Ausgangsstellung für den nächsten Schlag zu gelangen. Spielst du zu fest bzw. hart, gehst du das Risiko ein, dass der Ball in die andere Ecke zurückkommt und du ihn nicht mehr erlaufen kannst!

3.4 SPIEL GEGEN ABWEHR

Ein letzter Bereich, in dem die Flughöhe eine besondere Rolle spielt, ist das Spiel gegen die Abwehr.

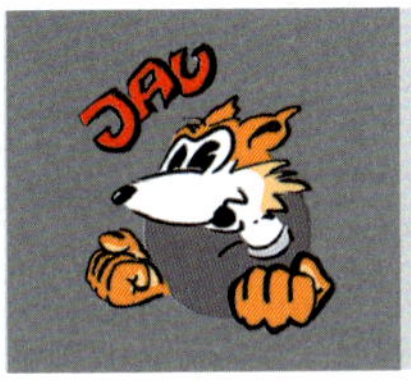

Oft haben Abwehrspieler Probleme, langsame, halbhohe Topspins flach mit Unterschnitt zurückzuspielen!

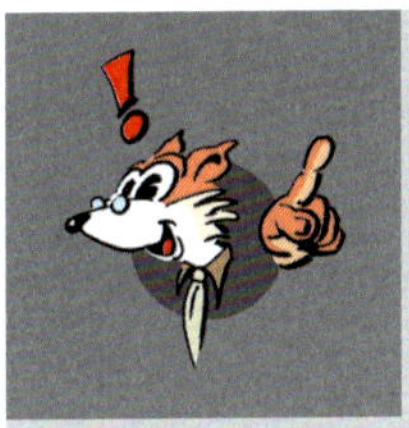

*Diese können auch **halblang** sein, wenn sich der Abwehrspieler (zu) weit vom Tisch entfernt hat! Jetzt kennst du eine gute taktische Möglichkeit, einen harten Schuss bzw. Topspin vorzubereiten!*

Werner Schlager hat exakt mit dieser Taktik 2003 das WM-Finale in Paris gegen den bis dahin nicht zu schlagenden südkoreanischen Abwehrspieler Joo Se Hyuk für sich entscheiden können (s. Lese- und Surftipps).

3.5 ÜBUNGEN

A Spiele mit deinem Partner ca. 6-8 Minuten lang VH-Topspin auf Block! Variiere die Flughöhe – mal weich, langsam und hoch, aber lang – mal hart, schnell und flach. Beobachte die Blockbälle deines Partners! Eignet sich vielleicht der weiche Ball als Vorbereitung für deinen Endschlag?

B Spiele Ballonabwehr! Dein Partner schießt. Versuche, den Ball möglichst hoch, möglichst lang und mit Spin zu spielen. Beobachte deinen Partner. Hat er Probleme mit Bällen, die dir wirklich gut gelingen?

Nach ca. 6-8 Minuten könnt ihr die Rollen tauschen.

C Aufschlagtraining: Spiele 15-30 Minuten lang Aufschläge deiner Wahl. Du brauchst dazu keinen Partner. Achte darauf, den Ball möglichst spät, also möglichst tief zu treffen. Beobachte, ob er eher flach oder eher (zu) hoch das Netz überquert.

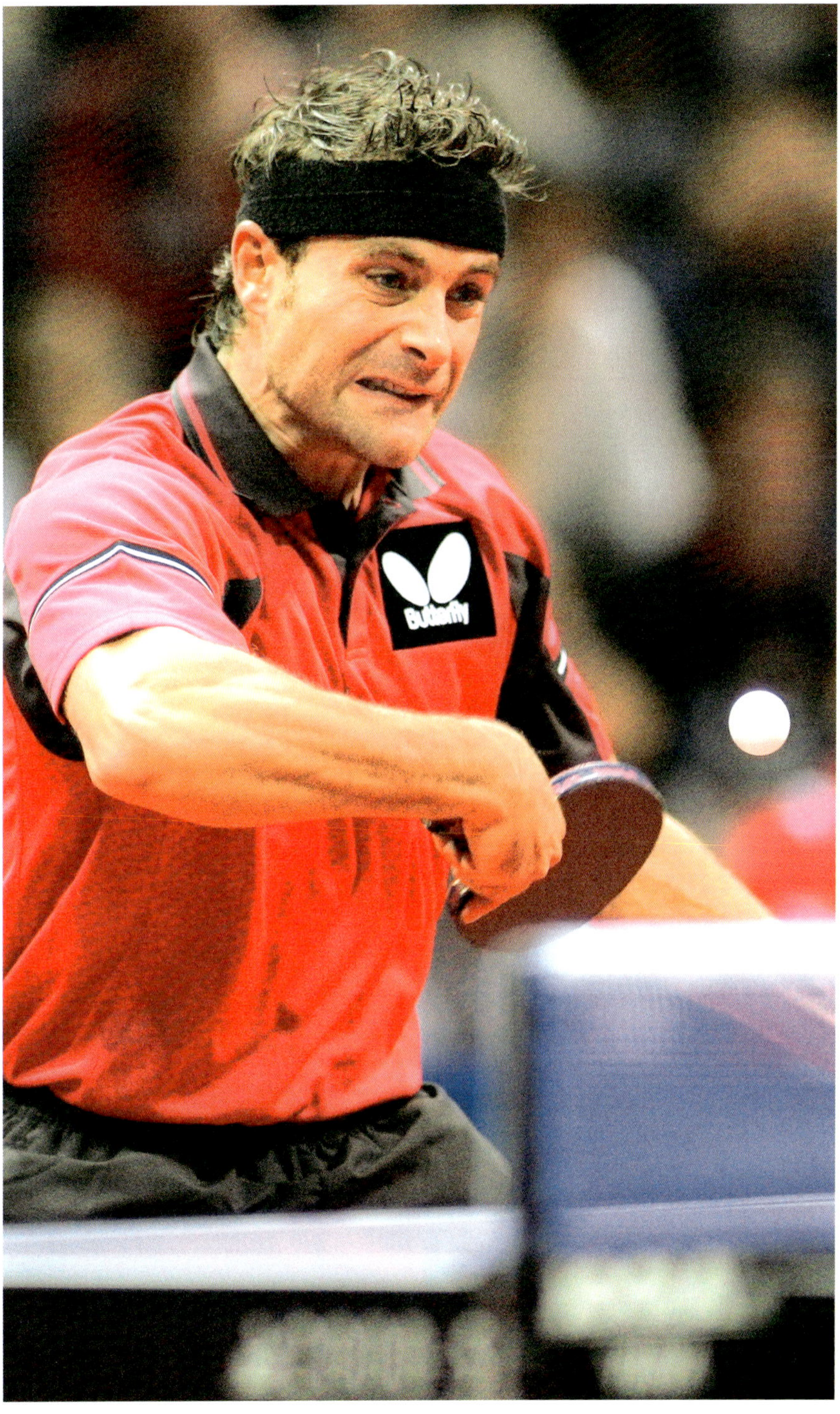

04

4 DIE ROTATION

In diesem Kapitel wollen wir dir das, was du vielleicht auch unter den Bezeichnungen *Schneiden, Anschneiden, Schnibbeln* oder *Spin, Drall* und *Effet* kennst, etwas näher bringen – nämlich die Rotation.

Denn nur, wenn du weißt, was mit dem Ball passiert, wenn er auf den Schläger trifft, wenn du weißt, in welcher Flugbahn er fliegt und verstehst, wie er vom Tisch abspringt, dann brauchst du auch keine Angst vor älteren, erfahrenen Spielern zu haben, die dich mit ihrem *krummen* Spiel zur Verzweiflung bringen (wollen).

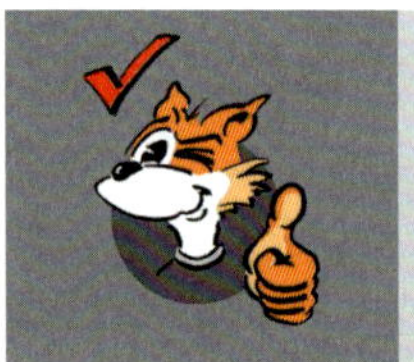

Es gibt auf alles eine Antwort!

Natürlich haben wir es in unserer Sportart bezüglich der Rotation eindeutig schwerer als in anderen Rückschlagspielen, wie Tennis oder Badminton. Und zudem macht uns Tischtennisspielern die riesige Materialvielfalt mit ihren verschiedensten Wirkungen das Leben schwer. Deshalb ist es wichtig, die Rotation, die dein Gegner dem Ball verleiht, zu erkennen.

Am Ende dieses Kapitels werden wir dir dann zeigen, welchen Einfluss das Spielmaterial auf die Rotation hat.

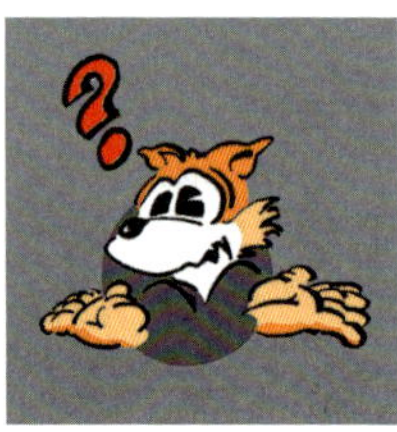

Aber zuallererst zu der Frage, wie erzeuge ich überhaupt Rotation?

4.1 ERZEUGEN VON ROTATION

Grundsätzlich gibt es zwei Möglichkeiten, den Ball mit dem Schläger zu treffen:

- voll treffen und
- streifen bzw. schneiden oder reiben.

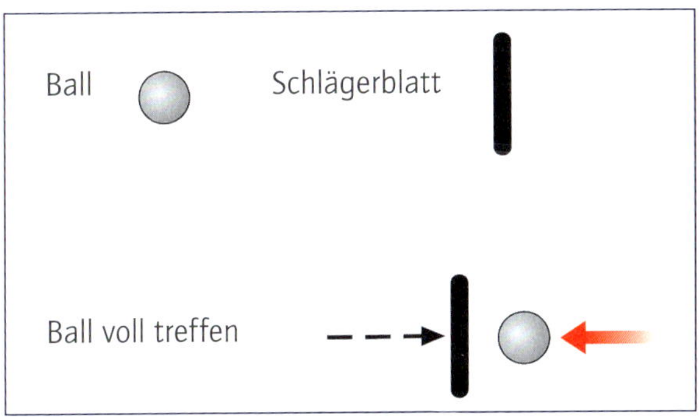

Abb. 11

Wenn du den Ball voll, zentral in seiner Mitte, triffst, verlässt er deinen Schläger quasi ohne Rotation.

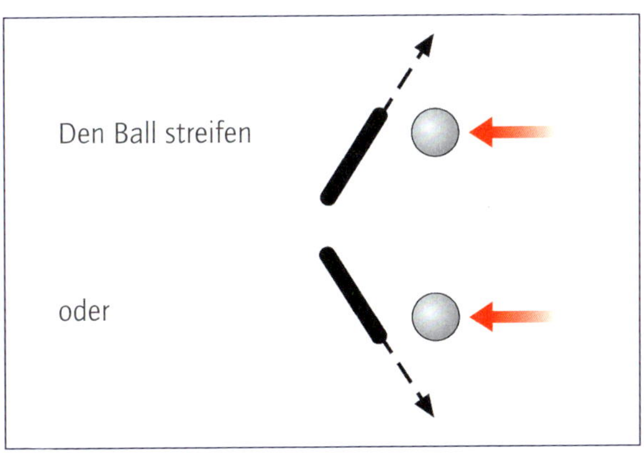

Abb. 12

Streifst du ihn nur, erhält er Rotation.

Streifst du ihn von oben nach unten, erhält er Rückwärtsrotation – besser bekannt als *Unterschnitt*.

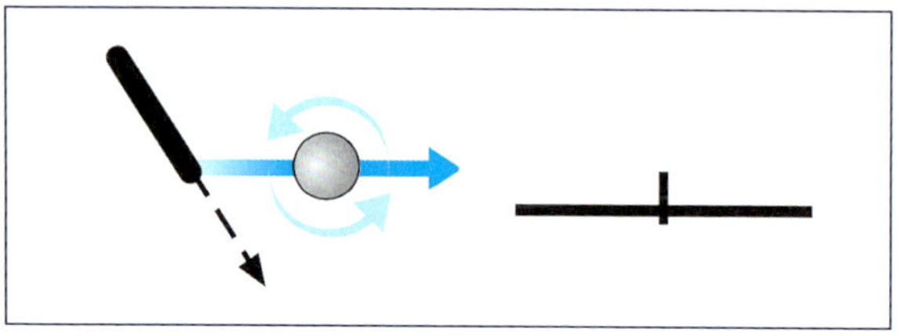

Abb. 13

Rückwärtsrotation

Während der Ball fliegt, dreht er sich rückwärts (um die eigene Achse).

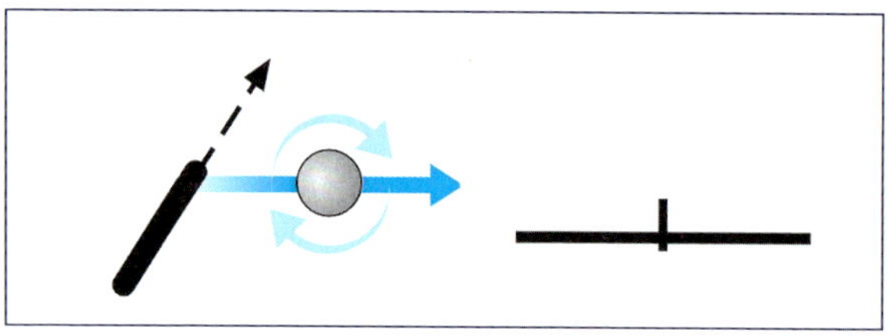

Abb. 14

Vorwärtsrotation

Streifst oder ziehst du ihn von unten nach oben, erhält der Ball Vorwärtsrotation oder, besser gesagt, *Überschnitt* oder *Topspin* bzw. *Spin*. Während der Ball fliegt, dreht er sich vorwärts.

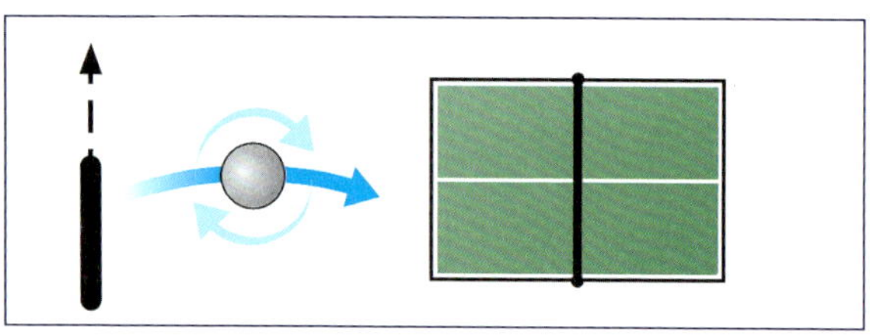

Abb. 15

Seitenschnitt/Rechtsdrall

Streifst du ihn von rechts nach links, erhält er *Seitenschnitt*. Während der Ball fliegt, dreht er sich nach rechts.

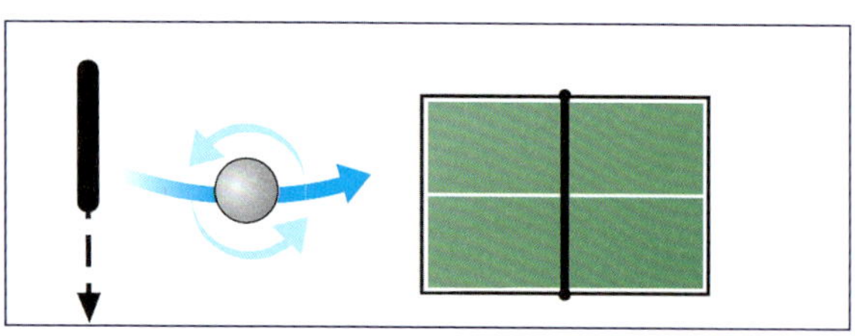

Abb. 16

Seitenschnitt/Linksdrall

Streifst du ihn von links nach rechts, erhält er natürlich ebenso Seitenschnitt, dreht sich aber nach links.

Selbstverständlich kann man Überschnitt und Unterschnitt mit Seitenschnitt vermischen. Dazu musst du den Ball sowohl seitlich als auch von unten nach oben streifen, um Seitüberschnitt zu erzeugen bzw. ihn seitlich und von oben nach unten streifen, um Seitunterschnitt zu erzeugen.

Zum Abschluss noch zwei Merksätze zum Erzeugen von Rotation:

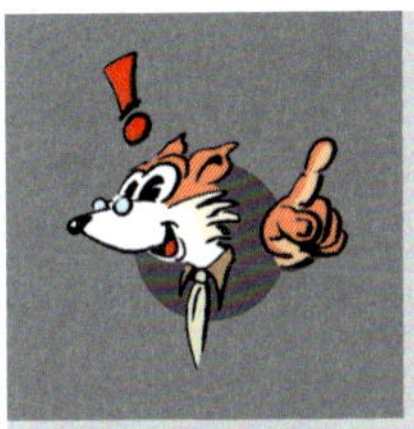

Du bekommst mehr Schnitt in den Ball,

- *wenn du ihn nur ganz leicht streifst!*
  Je schwächer du den Ball triffst, desto mehr Schnitt wird er erhalten!
- *je größer die Geschwindigkeit deines Schlags ist!*
  Langsame Topspins haben weniger Überschnitt als schnelle!

Nun weißt du, wie Rotation oder Schnitt erzeugt wird. Jetzt wollen wir dir helfen, die Rotation, die dein Gegner dem Ball verliehen hat, zu erkennen.

4.2 ERKENNEN VON ROTATION

Nur, wenn du weißt, welchen Schnitt der ankommende Ball hat, kannst du darauf auch richtig reagieren.

Deshalb gilt es, genau auf die Schlagbewegung deines Gegners sowie auf die Flugbahn des ankommenden Balls zu achten, denn manchmal kann man die Bewegungsrichtung – z. B. bei Aufschlagfinten – nicht genau erkennen.

4.2.1 UNTERSCHNITT

Unterschnitt kommt nicht nur in Aufschlägen, sondern auch in Schupf- bzw. Schnittabwehrbällen vor. Wir wollen nun die eben aufgeführten Abbildungen ergänzen.

Die Frage ist: Wie springt der Ball an deinem Schläger ab, wenn du ihn einfach nur gerade hinhältst?

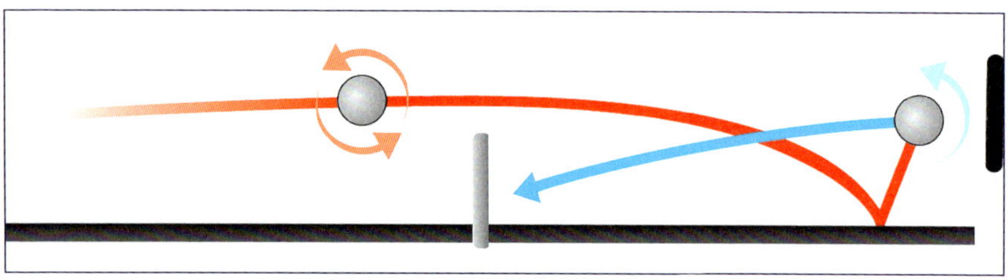

Abb. 17: Gerades Hinhalten an Unterschnitt

Wenn du deinen Schläger gerade an einen Unterschnittball hältst, wird der Unterschnitt dafür sorgen, dass der Ball ins Netz fliegt.

Um dies zu verhindern, hast du drei Möglichkeiten:

Du antwortest mit einem Schupfball, d. h., du streifst den Ball von oben nach unten. Dadurch wird der Unterschnitt neutralisiert bzw. du verleihst dem Ball quasi neuen Unterschnitt und kehrst damit die Rotationsrichtung um.

Du antwortest mit einem Topspin, d. h., du *ziehst* den Ball von unten nach oben. Somit bleibt die Rotations*richtung* gleich und dein Ball erhält Überschnitt.

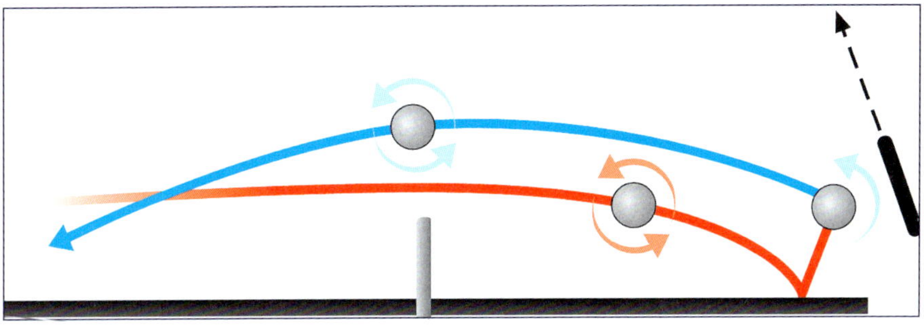

Abb. 18: Beibehalten der Rotationsrichtung (Perspektive 1)

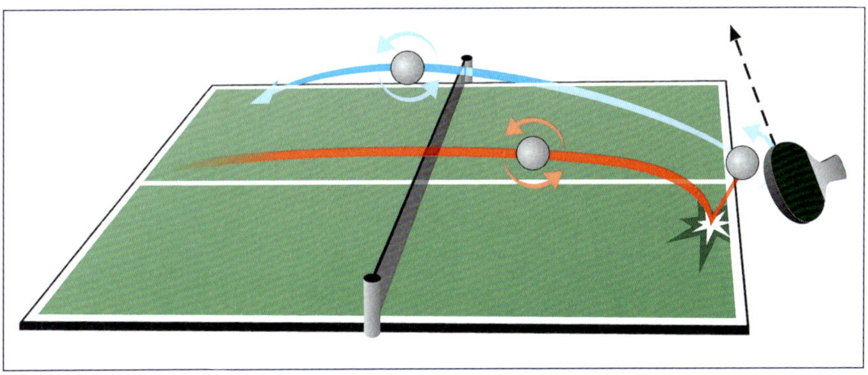

Abb. 19: Beibehalten der Rotationsrichtung (Perspektive 2)

Du spielst mit der Rotation deines Gegners und *flippst* den Ball (bei kurzen Bällen) oder *schießt* ihn (bei langen Bällen).

Dabei triffst du den Ball am höchsten Punkt und – so seltsam es klingen mag – voll! (siehe Fotos 14 und 15)

Achte darauf, dass du den Ball sozusagen etwas über das Ziel (Grundlinienzone des Tisches) hinausschlägst. Dein Ball wird aber nicht über das Ziel hinaus ins Aus fliegen, sondern sich nach unten auf den Tisch senken.

Dies liegt daran, dass die Rotation durch das volle Treffen weitestgehend erhalten bleibt. Da sich aber die Flugrichtung ändert, hat der Ball nun Vorwärtsrotation – also Überschnitt. Dieser Überschnitt bewirkt dann das rechtzeitige Senken des Balls.

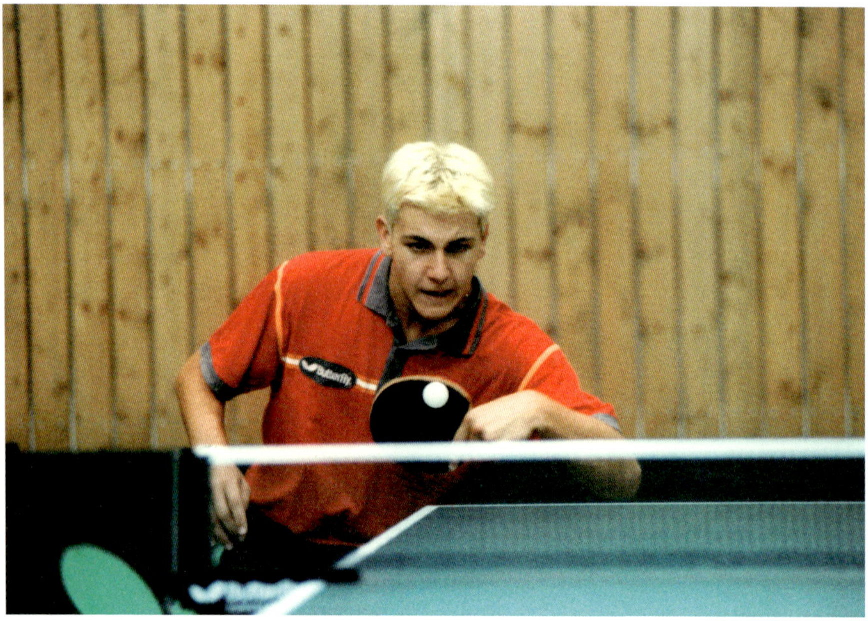

Foto 14

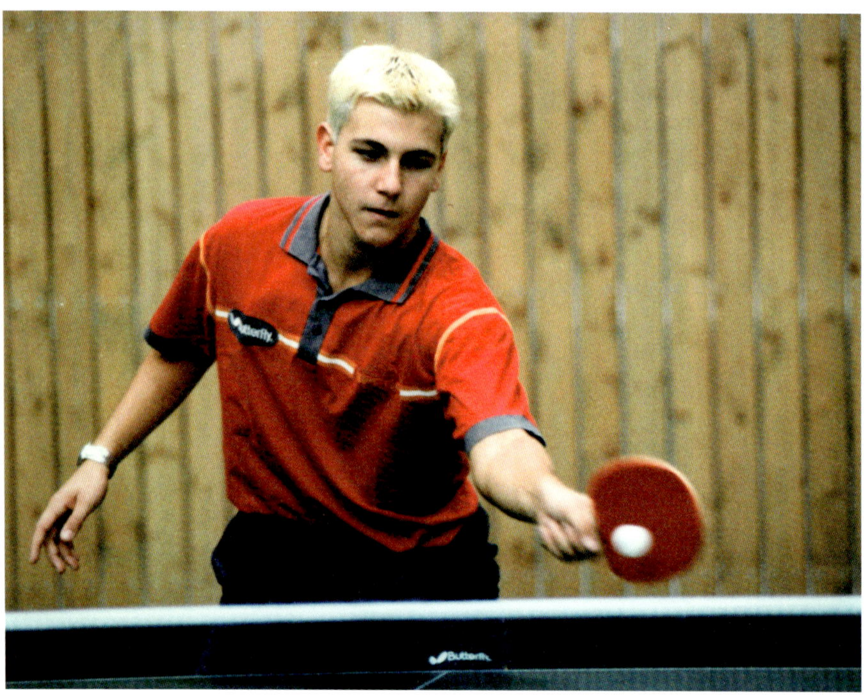

Foto 15

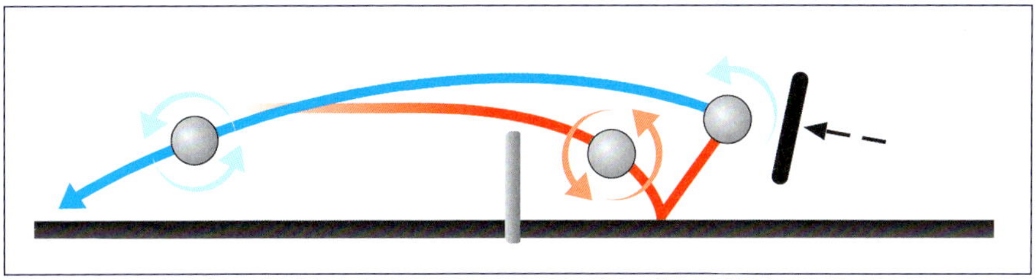

Abb. 20: Flugbahn beim Flipp auf einen Unterschnittball (Perspektive 1)

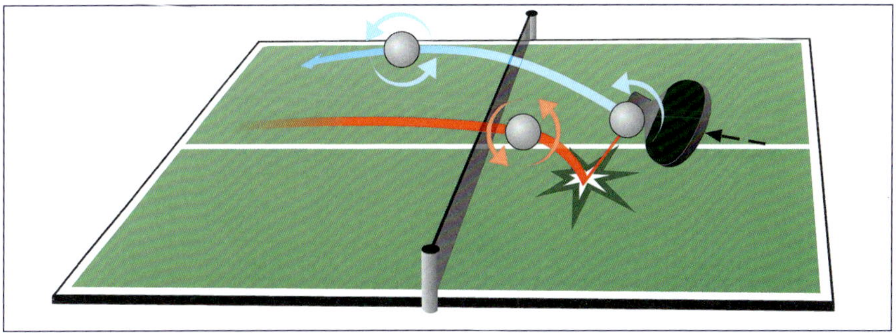

Abb. 21: Flugbahn beim Flipp auf einen Unterschnittball (Perspektive 2)

Das *Schießen* auf Unterschnitt – besonders auf flache Bälle – ist relativ schwierig und wird vorwiegend von Angriffsspielern mit Kurzen-Noppen-außen-Belägen und von attackierenden Abwehrspielern – wie z. B. der zweifachen Deutschen Meisterin Jing Tian-Zörner – praktiziert.

Der *Flipp* auf kurze, stark unterschnittene Bälle ist dagegen relativ einfach zu erlernen.

4.2.2 ÜBERSCHNITT

Der Typischste aller Bälle mit Überschnitt ist – wie der Name schon sagt – der *Topspin*.

Aber auch beim Aufschlag wird er immer häufiger eingesetzt (*Kickaufschlag*). Hältst du deinen Schläger an einen Ball mit Überschnitt, geht er, je nach Stärke der Rotation, über den Tisch hinaus ins Aus.

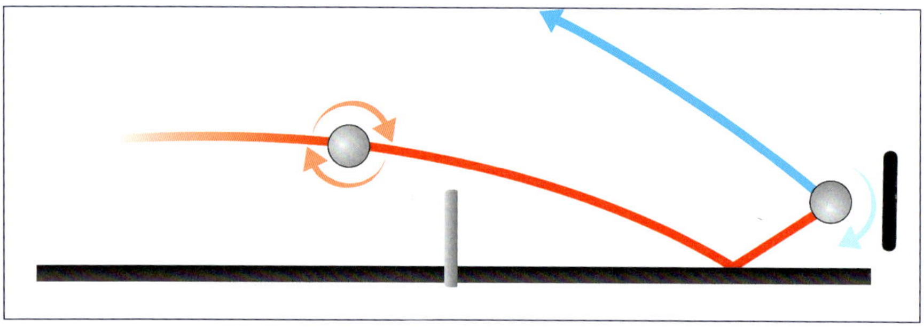

Abb. 22: Gerades Hinhalten an Überschnitt

Hier hast du als gängige Antwort zwei Möglichkeiten:

Du *blockst* den Ball mit geschlossenem Schlägerblatt. Du triffst ihn voll. Je mehr Spin der Ball hat, desto mehr musst du das Schlägerblatt schließen!

Du antwortest mit einem Topspin, d. h., du streifst den Ball von unten nach oben mit extrem geschlossenem Schlägerblatt. Die Schlagrichtung muss dabei mehr von hinten nach vorne als von unten nach oben verlaufen, da dein Topspin sonst über den Tisch hinausfliegt. Dadurch wird die Rotationsrichtung umgekehrt. Der Ball enthält aber weiterhin Überschnitt!

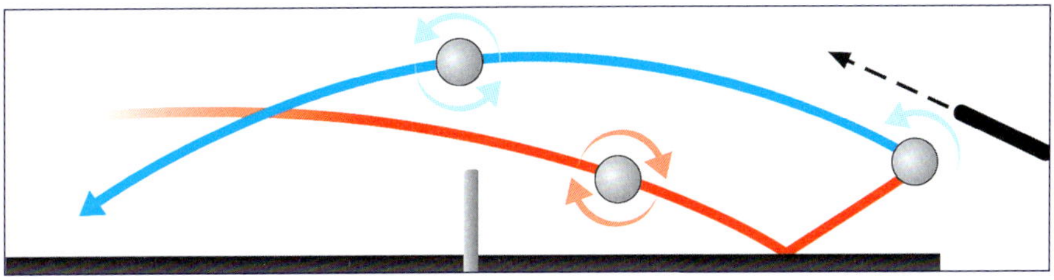

Abb. 23: Umkehren der Rotationsrichtung (Perspektive 1)

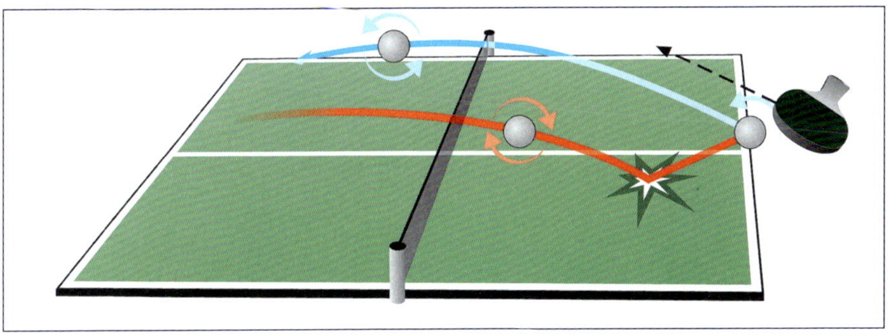

Abb. 24: Umkehren der Rotationsrichtung (Perspektive 2)

Wenn man die Rotationsrichtung umkehrt, bleibt die Schnittart erhalten (z. B. Topspin auf Topspin ➔ der ankommende Ball hat Überschnitt ➔ dein Ball hat auch Überschnitt – vgl. Abb. 23 und 24).

Wenn man die Rotationsrichtung beibehält, verändert sich die Schnittart und die Rotation wird verstärkt (z. B. Topspin auf Unterschnitt ➔ der Ball kommt mit viel Unterschnitt und verlässt deinen Schläger mit noch mehr Oberschnitt – vgl. Abb. 18 und 19).

4.2.3 SEITENSCHNITT

Die Schlagarten, bei denen starker Seitenschnitt besonders Probleme bereiten kann, sind der Aufschlag und der Sidespin.

Die Frage ist wieder:

Wie springt der Ball an deinem Schläger ab, wenn du ihn einfach nur gerade hinhältst?

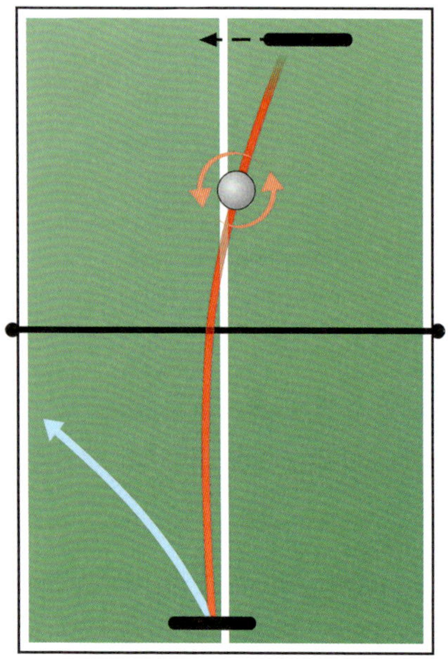

Abb. 25: Gerades Hinhalten bei Linksdrall

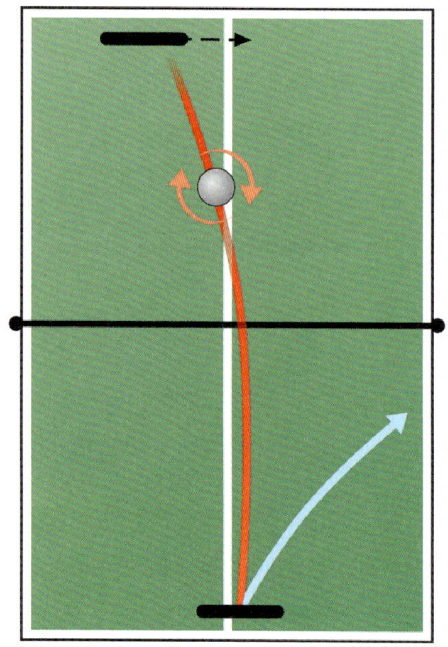

Abb. 26: Gerades Hinhalten bei Rechtsdrall

Mit einfachen Worten: Wenn du deinen Schläger nur gerade hinhältst, wenn ein Ball mit viel Seitenschnitt kommt, geht er dir seitlich ins Aus. An welcher Seite er ins Aus geht, hängt von der Bewegungsrichtung des Schlägers deines Gegners ab.

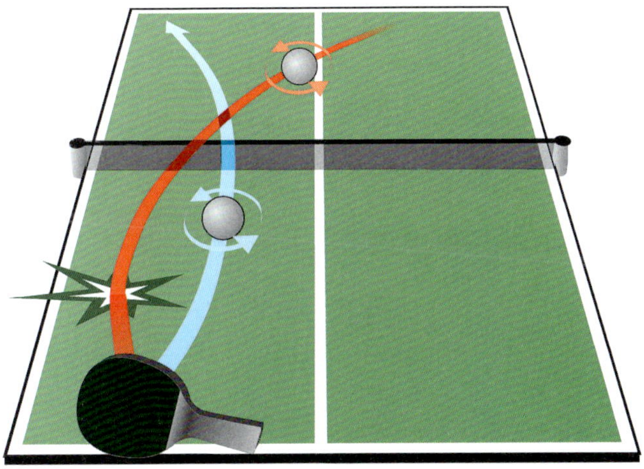

Abb. 27: Rückschlag bei gegnerischem Aufschlag mit Linksdrall (Perspektive 1)

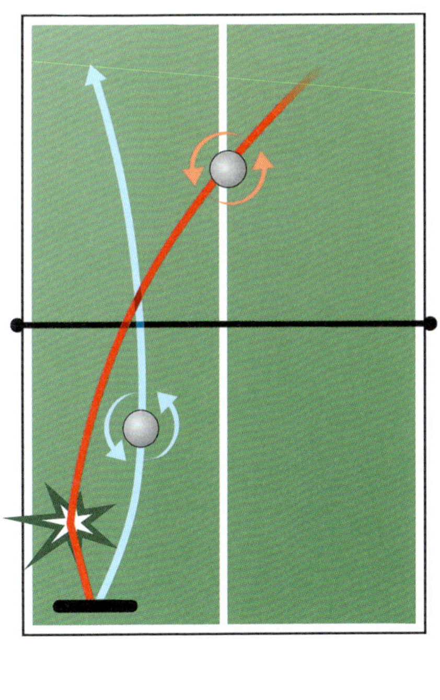

Es kommt also nicht so sehr darauf an zu wissen, ob der Ball nun Rechts- oder Linksdrall hat, sondern darauf, die Rotationsrichtung (= Richtung, in welche die Bewegung des Schlägers deines Gegners geht) zu kennen.

Abb. 28: Rückschlag bei gegnerischem Aufschlag mit Linksdrall (Perspektive 2)

Wenn du das verstanden hast, spiele z. B. einen Aufschlag mit viel Seitenschnitt einfach weich nach vorn in Rotationsrichtung zurück! Bei richtiger Ausführung bleibt die gegnerische Rotation erhalten bzw. sie wird sogar noch verstärkt!

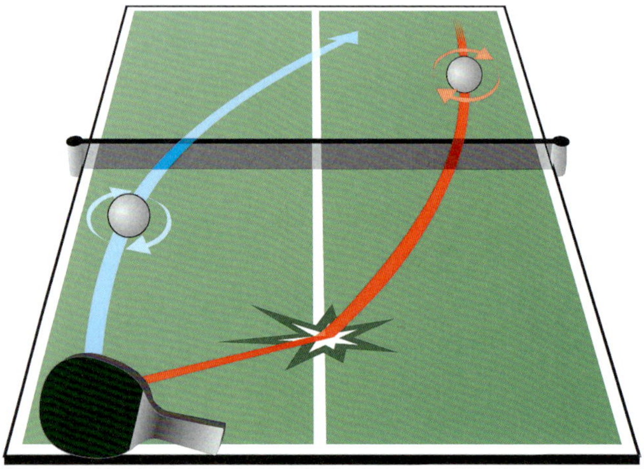

Abb. 29: Rückschlag bei gegnerischem Aufschlag mit Rechtsdrall (Perspektive 1)

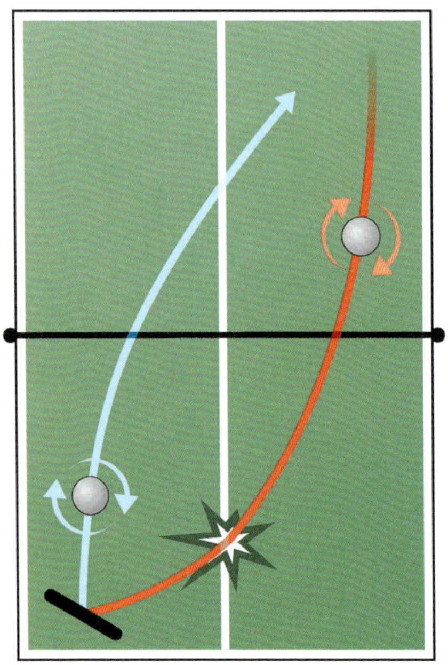

Abb. 30: Rückschlag bei gegnerischem Aufschlag mit Rechtsdrall (Perspektive 2)

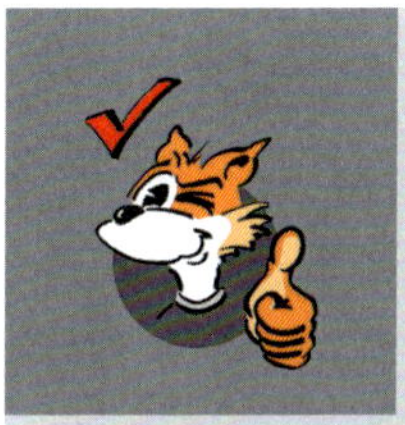

Übrigens: Falls du die Bewegung deines Gegenüber nicht genau erkennen kannst, spiele den Ball einfach in Richtung Mittellinie! Versuche, ihn hierbei nur möglichst kurz zu berühren!
Dann wirkt sich der Schnitt nicht so sehr auf deinen Rückschlag aus. Wenn du dann immer noch Probleme haben solltest, warte etwas länger, bevor du an den Ball gehst. Die Stärke des Schnitts nimmt im Laufe der Zeit immer mehr ab. Trau dich ruhig! Du hast mehr Zeit, als du denkst!

Auch hier wieder abschließend einige Merksätze zum Erkennen von Rotation:

- Je weniger du hörst, wenn dein Gegner den Ball schlägt, desto mehr Rotation hat der ankommende Ball! Versuche also, genau auf das Geräusch zu achten, wenn dein Gegner den Ball trifft!
- Du kannst auch versuchen, am Stempel(aufdruck) des Balls – z. B. bei der Aufschlagannahme – zu erkennen, wie schnell er sich dreht bzw. ob er viel oder eher wenig Schnitt hat!
- Je schneller der Ball gezogen oder unterschnitten wurde, desto mehr Rotation enthält er! Achte also genau auf die Bewegungsgeschwindigkeit des Schlägers deines Gegners!
- Wenn zwei Topspins mit gleicher Geschwindigkeit gespielt würden, hätte der, welcher die gekrümmtere Flugbahn hat, den meisten Spin! Dieser Vergleich gilt auch für Sidespins. Achte also genau auf die Flugkurve des ankommenden Balls!

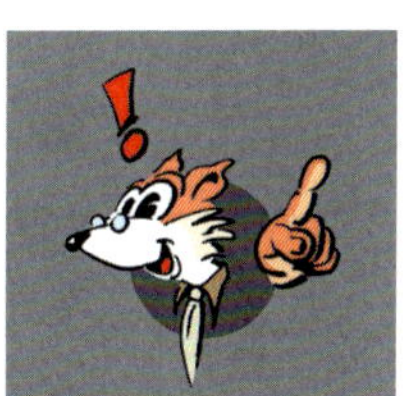

- Je länger der Ball fliegt, desto weniger Rotation hat er! Die Rotation nimmt während des Ballflugs ab, d. h., je länger du mit deiner Antwort wartest, desto weniger spielt die Rotation eine Rolle! Nimm beim Rückschlag den Ball etwas später an, wenn du mit dem Schnitt im Aufschlag nicht zurechtkommst!

4.3 ÜBUNGEN

Bevor du die folgenden Übungen zum Schupf, Topspin bzw. Block und Flipp spielst, führe dir noch einmal kurz den theoretischen Hintergrund zu den einzelnen Schnittarten vor Augen! Dann geht es endlich in die Praxis!

4.3.1 ÜBUNGEN ZUM SCHUPF

A Stell dich in einem freien Hallenteil auf den Boden und mache dir ca. 2 und 4 m entfernt zwei Linien (entweder schon vorhanden oder mit (Spring-)Seil, Kreide usw.).

Spiele nun den Ball mit Unterschnitt über die hintere Markierung!

Wenn der Ball wenig Unterschnitt hat, wird er, nachdem er auf dem Boden aufgekommen ist, nicht mehr weiterspringen. Hat er viel Unterschnitt, wird er sogar zurückrollen. Je weiter er zurückläuft, desto mehr Unterschnitt hat er!

B Nun hast du das erste Feingefühl für das Erzeugen von Unterschnitt und gehst mit einem Partner oder deinem Trainer an den Tisch.

Schupfe mit ihm kurz über den ganzen Tisch. Versuche, dem Ball mal mehr, mal weniger Unterschnitt zu verleihen. Dein Partner soll nur reagieren und dir über das Ergebnis deiner Versuche berichten. Nach ca. fünf Minuten tauscht ihr die Rollen!

4.3.2 ÜBUNGEN ZU TOPSPIN UND BLOCK

A Spiele aus deiner VH-Seite VH-Topspin diagonal. Dein Partner blockt.

Spiele im Wechsel je zwei Topspins, bei denen du den Ball möglichst leicht streifst und danach je zwei Topspins, bei denen du den Ball ziemlich voll triffst. Dein Partner muss sich beim Blocken auf den unterschiedlich starken Spin konzentrieren und seine Schlägerblattstellung anpassen. Nach ca. 5-8 Minuten tauscht ihr die Rollen!

Bei dieser Übung muss dir dein Partner nicht unbedingt mitteilen, wie dein Spin wirkt. Du siehst es an seinen Blockbällen bzw. Blockversuchen. Streifst du den Ball nur leicht, geht der Block eher ins Aus oder aber er kommt relativ hoch zurück.

Triffst du ihn bei möglichst gleich aussehender Schlagbewegung eher voll, wird dein Partner ab und zu ins Netz blocken (*Topspinfinte* oder *leerer Topspin*).

Diese Übung kann natürlich auch mit RH-Topspin gespielt werden!

B Du spielst einen kurzen Unterschnittaufschlag frei über den ganzen Tisch.

Dein Partner spielt einen langen Schupfball in deine Vorhand.

Du eröffnest mit einem diagonalen VH-Topspin mit viel Spin.

Er blockt zurück in deine Vorhand.

Du spielst immer weiter VH-Topspin über die Diagonale auf Block.

Achte auf den Unterschied zwischen einem Topspin auf Unterschnitt und einem Topspin auf Block! Spiele die weiteren Topspins auf Block auch wieder variabel, d. h. mal mit mehr, mal mit weniger Spin.

Wechselt nach ca. 6-8 Minuten!

Du kannst die Übung natürlich auch wieder mit der Rückhand spielen oder anstatt diagonal kannst du auch parallel ziehen!

4.3.3 ÜBUNGEN ZUM FLIPP

A Schlage kurz mit Unterschnitt frei über den ganzen Tisch auf!

Dein Partner schupft kurz in deine Vorhand.

Du flippst frei über den ganzen Tisch!

Dann ist freies Spiel!

Wechselt nach ca. 6-8 Minuten!

Übe den Flipp auch mit der Rückhand!

B Wer aufschlägt, ist egal – es wird frei über den ganzen Tisch kurz geschupft.

Wenn einer meint, der Ball *liegt (gut)*, soll er flippen. Danach ist freies Spiel!

Sucht euch den richtigen Ball für den *tödlichen* oder wenigstens punktvorbereitenden Flipp aus!

Spielt die Übung ca. acht Minuten!

4.4 MATERIAL

Alle Bemerkungen zur Rotation in diesem Kapitel beziehen sich ausschließlich auf das Spiel mit *normalen* Noppen-innen-Belägen sowie mit Einschränkungen auch auf kurze Noppen-außen-Beläge. Aber gerade unsere Sportart weist noch eine Vielzahl weiterer Belagtypen auf. Daher wollen wir dich im Folgenden auf Unterschiede beim Spiel *gegen Material* im Gegensatz zu *normalen* Belägen hinweisen.

Natürlich erhalten gleichzeitig auch *Materialspieler* wertvolle Informationen über das Spiel *mit* Material.

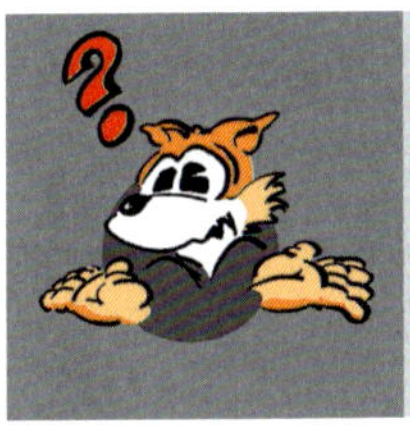

Aber zuerst einmal zu der Frage: Was ist überhaupt Material? Was sind normale Beläge?

Hierbei wollen wir uns an die in Spielerkreisen üblichen Begrifflichkeiten halten. Es ist ganz einfach:

Normal sind alle Beläge, die nicht Antispinbeläge (Antis) oder Noppen-außen-Beläge (Noppen) sind. Diese bezeichnet man als *Material*. Materialspieler sind also solche, die mit Noppen oder Antis auf einer oder beiden Schlägerseiten agieren.

Schauen wir uns doch einmal die gesamte Belagvielfalt etwas genauer an.

Es gibt glatte Noppen-innen-Beläge, Antis sowie kurze, mittellange und lange Noppen. Es gibt Beläge mit dicken oder dünnen Schwammunterlagen (Schwamm) und auch welche ohne Schwamm. Es gibt Beläge mit weichem Schwamm und solche mit einem harten Schwamm. Es gibt langsame Beläge und schnelle, und es gibt griffige Beläge und weniger griffige.

Damit du aber nun nicht gänzlich verwirrt bist, einige Regeln, die auf alle Belagtypen zutreffen:

- **Je dicker der Schwamm, desto schneller der Belag!**
- **Je weicher der Schwamm, desto mehr Ballgefühl!**
  Wenn der Ball auf den Schläger trifft, bleibt er etwas länger am Schläger, bevor er diesen wieder verlässt. Obwohl es sich hierbei nur um Bruchteile von Sekunden handelt, merkst du es daran, dass du eine bessere Kontrolle über den Ball hast.

- **Je griffiger, desto mehr Spin!**
  Achte aber auf eine wichtige Doppelwirkung: Du kannst zwar einerseits selbst mehr Schnitt erzeugen, bist aber andererseits auch viel fehleranfälliger bei gegnerischem Schnitt!

- **Je länger die Noppen, desto größer ist ihr so genannter „Störeffekt"!**
- **Je größer der Störeffekt, desto schwieriger ist der Belag zu kontrollieren!**
  Nicht jeder Spieler mit langen Noppen weiß auch immer, wo seine Bälle hinfliegen!

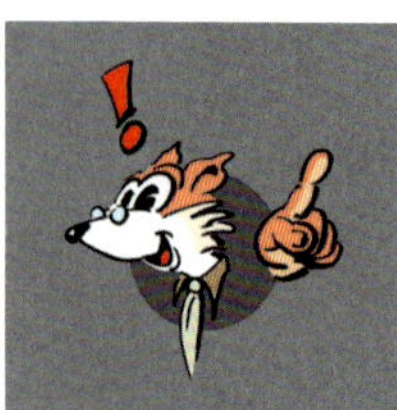

Hier noch ein weiterer Tipp: Spiele nicht zu früh dicke und damit schnelle Beläge! Denke daran – gerade beim Erlernen der Grundtechniken (z. B. Topspin, Konter usw.) ist es wichtig, einen etwas langsameren Schläger zu haben, der kleine technische Fehler verzeiht und dir erst einmal das ***Gefühl für den Schlag*** *gibt! Darauf solltest du auch bei der Wahl deines Schlägerholzes achten!*

Am besten ist es, sich vom Fachhändler ausführlich beraten zu lassen! Dazu solltest du ihm allerdings auch möglichst viele Informationen über dich und dein Spiel geben! Natürlich kann diese Funktion auch dein Trainer übernehmen!

4.4.1 NOPPEN-INNEN-BELÄGE

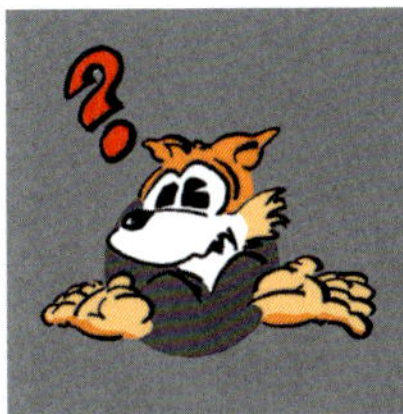

Warum heißen diese Beläge eigentlich so?

Wenn du dir einen solchen Belag anschaust, kannst du sehen, dass er quasi aus zwei Teilen besteht. Der untere Teil ist der Schwamm, auf dem die Oberlage aufgeklebt ist. Und wenn du nun ganz genau hinsiehst, wirst du erkennen, dass diese nichts anderes ist als ein ***verkehrt herum*** *aufgeklebter Noppen-außen-Belag. Die Noppen zeigen nach innen.*

Übrigens – Beläge, wie du sie kennst, werden nicht überall so produziert und verkauft. In der Tischtennisgroßmacht China beispielsweise konnte man Schwämme und Oberlagen bis vor kurzem meist nur getrennt erwerben. Vielleicht liegt der Grund dafür und für die Bezeichnung „Noppen-innen" in der Tatsache, dass man früher nur mit Noppen-außen-Oberlagen gespielt hat und erst später dazu überging, Schwämme unter die Oberlage zu kleben, um das Spiel schneller zu machen.

Noppen-innen-Beläge haben eine griffige Oberfläche. Daher ist es gut möglich, mit ihnen viel Rotation zu erzeugen. Es gibt aber auch Noppen-innen-Beläge, die anders sind:

4.4.1.1 ANTIS

Diese Beläge werden nur noch selten und wenn, dann eher in den unteren Spielklassen gespielt. Sie haben eine kaum griffige Oberfläche und meistens sehr langsame Schwämme.

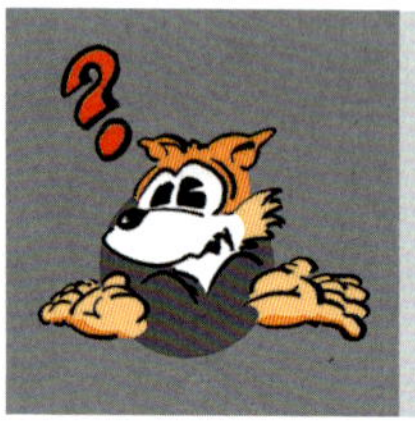

Wie muss man nun gegen einen Spieler, der einen Anti benutzt, spielen?

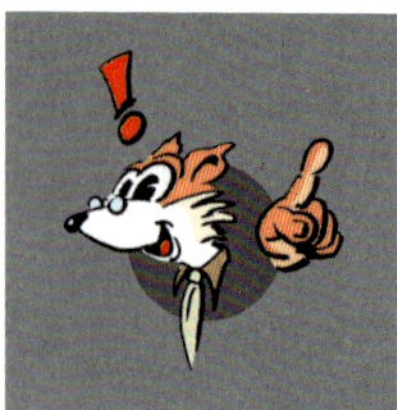

- *Das Wichtigste, das du dir klarmachen musst, ist, dass du selbst bestimmen kannst, mit welcher Rotation dein Gegner seinen nächsten Schlag ausführen muss!*
- *Hast du diesen Sachverhalt erst einmal verinnerlicht, wird dir das Spiel gegen Gegner, die einen Anti benutzen, keine Rätsel mehr aufgeben!*
- *Da dein Gegner wegen der glatten Oberfläche des Antis mit diesem nämlich selbst so gut wie keine Rotation erzeugen kann, bekommst du immer genau das Gegenteil von der Rotation zurück, die du deinem letzten Schlag verliehen hast!*

Das heißt:

Wenn du mit leichtem Unterschnitt schupfst, ist der gegnerische Rückschlag beispielsweise ebenfalls ein Schupfball – mit leichtem Überschnitt! Du kannst ihn hart nach vorne ziehen oder sogar schießen!

Wenn du dich auf ein Konterduell einlässt, solltest du darauf achten, dass der Ball vergleichsweise langsam auf dich zukommt und nicht, wie sonst bei Konterbällen üblich, ein wenig Überschnitt hat, sondern ein wenig Unterschnitt! Öffne dein Schlägerblatt etwas mehr als sonst und bewege dich wegen des langsamen Tempos des ankommenden Balls ihm etwas mehr entgegen!

Spielst du einen Topspin mit viel Rotation, so enthält der darauf folgende Rückschlag – dies ist in aller Regel ein Unterschnittabwehrschlag oder ein Block – relativ viel Unterschnitt! Schupfe den nächsten Ball oder aber öffne dein Schlägerblatt und ziehe den Ball von unten nach oben, falls du noch einmal Topspin spielen möchtest!

Die einzige Ausnahme, bei der du nicht genau das Gegenteil deiner Rotation vom Gegner zurückbekommst, ist ein starker Unterschnittball. Dieser kommt lediglich mit leichtem Überschnitt zurück!

4.4.2 NOPPEN-AUSSEN-BELÄGE

Wie du bereits in diesem Kapitel erfahren hast, unterteilt sich die Gruppe der Noppen-außen-Beläge in kurze, mittellange und lange Noppen.

Wenden wir uns zuerst den kurzen Noppen zu.

4.4.2.1 KURZE NOPPEN

Von kurzen Noppen spricht man, wenn die Noppenlänge unter 1,0 mm liegt. Sie wurden früher ausschließlich von kompromisslos angreifenden Penholderspielern verwendet.

Diese versuchten, die Ballwechsel mit harten Schüssen für sich zu entscheiden. Mittlerweile werden die kurzen Noppen oft als Kombibelag auf der RH-Seite gespielt.

Es gibt aber auch Abwehrspieler, die mit kurzen Noppen agieren.

Warum dies alles so war und ist, sollst du im Folgenden erfahren.

Kurze Noppen sind weniger griffig als Noppen-innen-Beläge, da sie auf ihrer Oberfläche viele Zwischenräume (zwischen den Noppen) haben. Somit haben mit kurzen Noppen gespielte Bälle, besonders bei Schlagtechniken mit Überschnitt, eine flachere Flugbahn.

Hinzu kommt, dass man mit kurzen Noppen nicht mehr so spinanfällig ist. Mit einem schnellen Schwamm darunter eignen sie sich hervorragend für schnelle Blockbälle und harte Endschläge. Ohne oder mit dünnen Schwämmen vermitteln sie ein sehr gutes Ballgefühl und beste Kontrollmöglichkeiten.

Der Grund, warum auch (hochklassige) Abwehrspieler kurze Noppen spielen, besteht in der Möglichkeit, die Rotation ändern zu können. So kann man einen Topspin mal mit viel Unterschnitt, mal mit wenig Schnitt abwehren, was den Gegner meistens stark verunsichert.

Mit langen Noppen hat man diese Variationsmöglichkeiten – wie du dem Abschnitt 4.4.2.2 entnehmen kannst – nicht.

Zum Spiel gegen kurze Noppen:

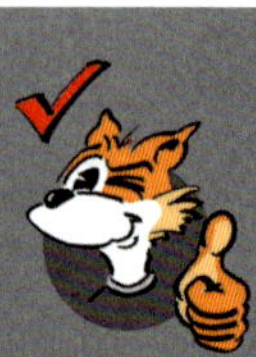

Wenn du mit kurzen Noppen angeschupft wirst, hat der Ball meistens nicht so viel Unterschnitt, wie du es von einem normalen Belag gewohnt bist!
Trotzdem kann man mit kurzen Noppen auch viel Schnitt erzeugen!

Hier sei nur auf die vielen chinesischen Weltklassespieler verwiesen, die mit der Penholderschlägerhaltung und kurzen Noppen enorm viel Schnitt in ihre Aufschläge bekommen. Jörg Roßkopf erfuhr dies auch bei den Olympischen Spielen 1996 in Atlanta im Halbfinale gegen den späteren Olympiasieger Liu Guoliang.

Es gibt griffige und weniger griffige Kurze-Noppen-außen-Beläge.

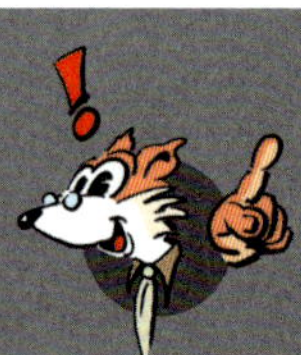

Wenn du also merkst, dass du oft über den Tisch ziehst, wenn du angeschupft wirst, schließe einfach das Schlägerblatt mehr und ziehe den Ball etwas mehr nach vorne (als nach oben)!

Wenn dein Gegner mit kurzen Noppen deinen Topspin blockt, gehe früher an den Ball! Das ist wichtig. Sonst fällt er dir ins Netz. Wenn du zu spät an den Ball kommst, ziehe ihn nach oben mit etwas weiter geöffnetem Schlägerblatt!

Wenn du Block- oder Konterbälle von kurzen Noppen zurückspielen musst, öffne auch hier das Schlägerblatt ein wenig! Zur Unterstützung kann die Schlagbewegung auch etwas mehr nach oben gehen!

4.4.2.2 LANGE NOPPEN

Noppen mit einer Länge über 1,5 mm werden als lange Noppen bezeichnet. Lange Noppen ohne Schwamm geben eine bessere Rückmeldung (mehr Kontrolle) als solche mit Schwammunterlage. Dafür sind sie etwas langsamer. Beide verfügen über einen großen Störeffekt, der das Spiel gegen lange Noppen für viele Spieler zum *Buch mit sieben Siegeln* werden lässt.

Dabei ist es gar nicht so schwierig, wenn du erst einmal die Wirkungsweise von langen Noppen verstanden hast!

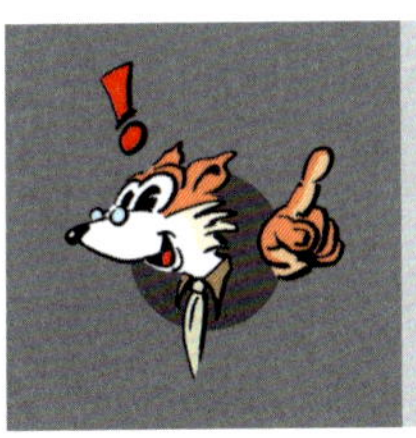

Mit langen Noppen kann man selbst nur wenig Rotation erzeugen!

Daraus folgt:

Wenn du ohne Spin spielst, kommt der Ball selbst bei starkem Unterarm- und Handgelenkeinsatz deines Gegners mit wenig oder meistens mit gar keiner Rotation zurück!

Wenn du einen Topspin spielst und dein Gegner blockt mit seinen langen Noppen oder wehrt den Ball ab, knicken die Noppen um und der Ball enthält nun **Unterschnitt!**

Du kannst diesen Ball entweder zur Sicherheit schupfen oder aber wieder mit Topspin ziehen, aber mit stärker geöffnetem Schlägerblatt bzw. mehr von unten nach oben als zuvor!

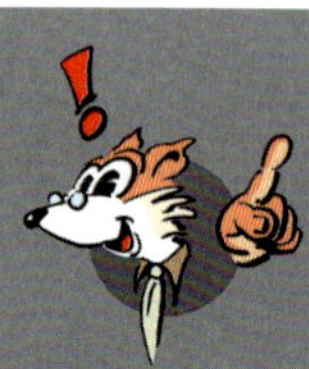

Denke daran: Je mehr Spin dein Topspin hat, desto mehr Unterschnitt kommt zurück!

Wenn du schupfst und dein Gegner schupft mit langen Noppen zurück, hat der Ball **Überschnitt**! Du musst ihn also nach vorne ziehen (Topspin) oder kannst ihn schießen!

ANMERKUNG:

Mache aber auf keinen Fall den häufig zu beobachtenden Fehler und versuche, den Ball mit geöffnetem Schlägerblatt zurückzuschupfen! Dieser Schlag gerät wegen des ankommenden gegnerischen Überschnitts immer zu hoch und kann dann vom Gegner sehr leicht angegriffen werden!

Aus den eben beschriebenen Wirkungsweisen lassen sich einige, sehr Erfolg versprechende Spielzüge gegen lange Noppen ableiten:

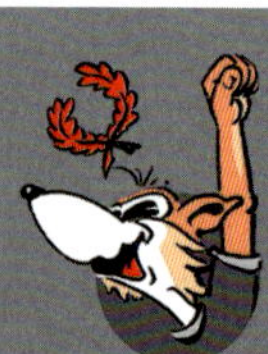

*Schlage kurz oder lang mit Unterschnitt (kein Seitenschnitt!) oder ganz ohne Schnitt **in die langen Noppen** auf und spiele dann einen tödlichen Topspin hinterher! Falls dieser zurückkommen sollte, kannst du ruhig in die langen Noppen schupfen (versuche es mal kurz!) und das Ganze geht wieder von vorne los!*

Wegen dieser gerade beschriebenen Berechenbarkeit von langen Noppen wechseln Abwehrspieler zum Spiel mit kurzen Noppen oder drehen den Schläger beim Schupfen, um mit der glatten Seite Unterschnitt zu erzeugen.

Zum Abschluss möchten wir dir noch erklären, wie es zu den typischen *krummen* oder auch *flatternden* Bällen mit langen Noppen kommt.

Wird der Ball mit langen Noppen und nur sehr leicht geschlossenem (z. B. Block) oder sehr leicht geöffnetem Schlägerblatt getroffen (z. B. aggressiver Schupfball), so knicken die Noppen nicht um. Das Gleiche gilt auch für Schläge, bei denen der Ball frontal, also voll, getroffen wird. Anstatt umzuknicken werden sie in diesem Fall komprimiert, d. h. zusammengedrückt bzw. gestaucht.

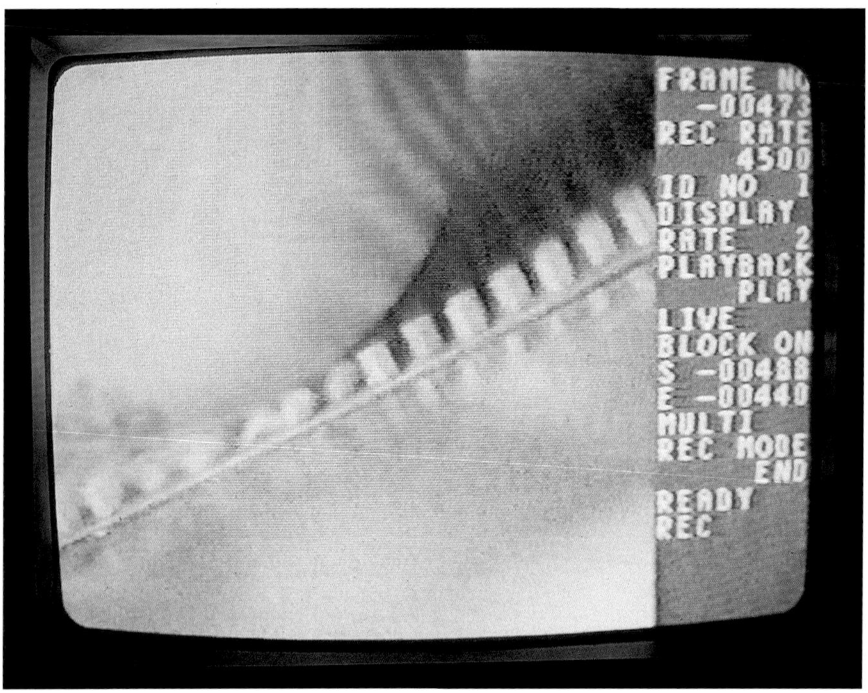

Foto 16: Verformung der Noppen beim Auftreffen des Balls mit hohem Tempo (BUTTERFLY-KATALOG/98-99, englische Ausgabe, S. 5)

Wie stark die Noppen dabei komprimiert werden, hängt von der Härte des ankommenden Balls sowie von der Schlaghärte des Spielers ab, der die langen Noppen einsetzt. Die Art und Weise, wie die langen Noppen gestaucht werden, ist natürlich auch von der Stärke der Rotation des ankommenden Balls und der Stellung des Schlägerblatts im Balltreffpunkt abhängig.

Da sich alle die gerade genannten Faktoren auf den Ball auswirken, kommt es zu dieser großen Variationsbreite bei solchen Schlägen.

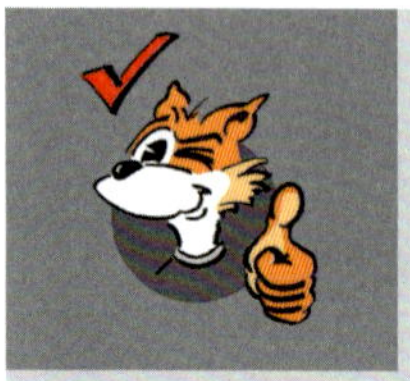

Alles klar? Oder hast du schon abgeschaltet?

Wenn du mit diesen ***Flatterbällen*** *nicht zurechtkommst, so nimm sie erst relativ spät an, da sie dann weniger Rotation haben!*

Zudem hast du somit auch etwas mehr Zeit, die Rotation des Balls zu beobachten und zu erkennen.

4.4.2.3 MITTELLANGE NOPPEN

Bei Noppen mit einer Länge zwischen 1,0 und 1,5 mm spricht man von mittellangen Noppen*. Sie verfügen über einen geringeren Störeffekt, dafür aber über größere Sicherheit als die langen Noppen. Mittellange Noppen werden häufig auf der Rückhand eingesetzt, um den Ball kontrolliert zurückspielen zu können.

Abschließend noch eine Bemerkung zu Spielern, welche auf der einen Seite mit Material und auf der anderen Seite mit einem glatten Belag spielen.

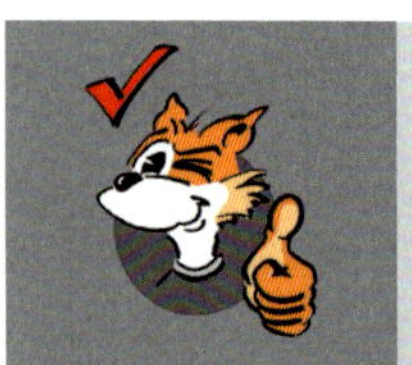

Lass dir vor dem Spiel den Schläger zeigen, wenn du den Verdacht hast, auf einen Materialspieler zu treffen!

Präge es dir ein – z. B. schwarzer Belag = lange Noppen!

Achte im Spiel darauf, ob dein Gegner eventuell dreht, also beispielsweise nicht immer mit den langen Noppen auf der Rückhandseite spielt, sondern manchmal auch auf der Vorhandseite!

Falls er dreht, versuche, das Spiel schnell zu machen und ihm somit keine Zeit dazu zu geben!

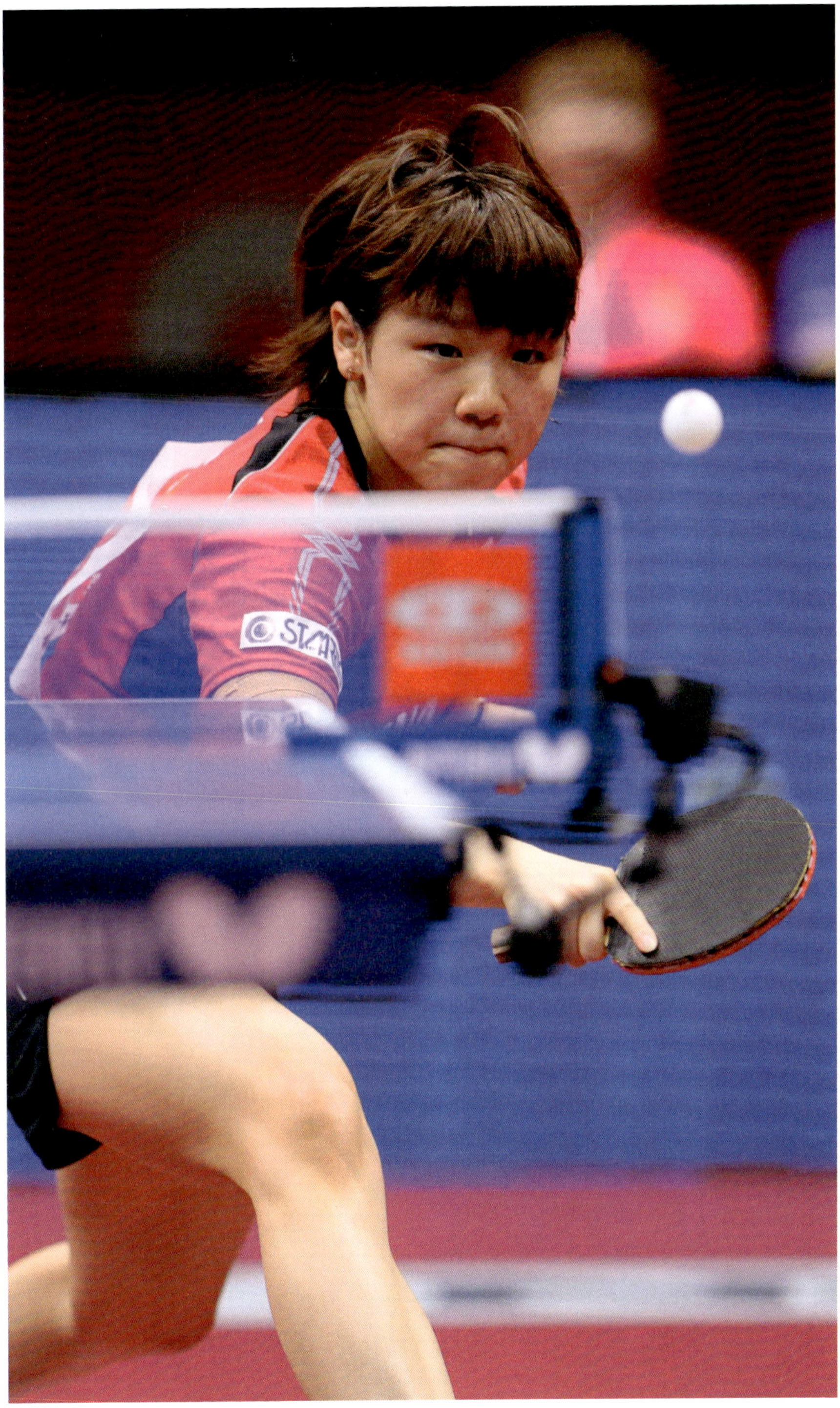

AUFSCHLAGTAKTIK

05

5 AUFSCHLAGTAKTIK

Im modernen Tischtennis kommt dem Aufschlag große Bedeutung zu, denn er ist der einzige Schlag im Tischtennis, bei dem nicht auf einen vorherigen gegnerischen Schlag reagiert werden muss und der aus diesem Grund ohne jeglichen Zeitdruck ausgeführt werden kann.

Was wollen wir mit einem guten Aufschlag erreichen?

Mit einem guten Aufschlag wollen wir

- (bestenfalls) direkt punkten.
- gut ins Spiel kommen, d. h., der Aufschlag soll einen guten ersten Ball vorbereiten bzw. dafür sorgen, dass wir unsere Stärken einsetzen können.
- gezielt die Schwachpunkte unseres Gegners anspielen bzw. ihn zumindest aber daran hindern, seine Stärken einzusetzen.

Um die oben aufgeführten Ziele zu erreichen, solltest du vor jedem eigenen Aufschlag Folgendes bedenken:

Wohin möchte ich meinen Aufschlag auf der gegnerischen Tischhälfte platzieren?

Lange Aufschläge solltest du auf deiner eigenen Tischhälfte so nah und so flach wie möglich im Grundlinienbereich platzieren! Nur so bist du in der Lage, gleichermaßen lang, flach und hart aufzuschlagen – ganz gleich, für welche Rotation du dich entschieden hast.

Kurze oder halblange Aufschläge, bei denen der Gegner erst sehr spät erkennen kann, ob sie ohne Annahme noch ein zweites Mal auf dem Tisch aufspringen würden, solltest du etwa 30-50 cm vor dem Netz auf deiner Tischhälfte platzieren!

Verdeutliche dir, besonders bei diagonalen Aufschlägen, auch noch einmal kurz, ob es sinnvoll ist, den Aufschlag mehr von deiner Rückhand- oder Vorhandseite auszuführen – bedenke den Streuwinkel!

Welche typischen Stärken bzw. Schwächen weist das gegnerische Spielsystem auf und wo liegen diese? Achte auf die Unterschiede von vorhand- und rückhand-dominanten Spielern!

Welches Tempo soll mein Aufschlag haben?

Spiele lange Aufschläge mit möglichst hohem Tempo, ohne aber dabei die Kontrolle zu vernachlässigen!

Kurze und halblange Aufschläge müssen relativ tempoarm ausgeführt werden, da sie sonst zu lang geraten!

Welche Flughöhe sollte mein Aufschlag haben?

Spiele alle Aufschläge, ganz gleich, für welche Platzierung/Tempo/Rotation du dich entscheidest, so flach wie möglich über das Netz!

Welche Rotation soll mein Aufschlag haben?

Beim Aufschlag sind alle Schnittarten möglich. Beobachte deinen Gegner aber ständig, bei welcher Rotation er die größten Schwierigkeiten hat – achte hier auch auf seine Schlägerhaltung!

Variiere bei deinen Aufschlägen sowohl die Rotationsrichtung als auch deren Stärke! Hier kannst du die im folgenden Abschnitt beschriebenen Aufschlagfinten einsetzen.

Grundsätzlich gilt:

Deine Aufschläge müssen zu deinem Spielsystem passen, d. h. es sinnvoll unterstützen!

Als positives Beispiel für diese Forderung lässt sich der leider viel zu früh verstorbene Pole Andrzej Grubba anführen. Er streute während des Spiels immer wieder sehr kurze, flache und fast schnittlose Aufschläge in die Tischmitte des Gegners ein. Mit diesen kam er zwar nur selten zum direkten Punktgewinn – doch bereiteten diese Aufschläge den Gegnern ein anderes Problem: Ein gefährlicher Rückschlag war nur sehr schwer möglich, da auf diese rotationsarmen Aufschläge ein harter Flipp oder ein aggressiver, langer Schupfball sehr schnell über den Tisch hinausgespielt werden kann oder aber ein nur relativ harmloser Rückschlag den weiteren Spielverlauf zu Gunsten Grubbas beeinflusste. Diese harmloseren Rückschläge konnte er dann nämlich leicht mit seiner Vorhand oder Rückhand angreifen, was für ihn als exzellenten Halbdistanzspieler eine optimale Möglichkeit zur Eröffnung darstellte.

Überprüfe deine Aufschläge also daraufhin, ob du mit ihnen zum direkten Punktgewinn kommen kannst oder aber mit den möglichen gegnerischen Rückschlägen etwas *anfangen* kannst!

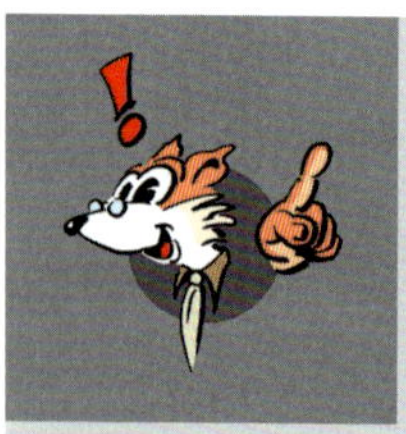

Am besten ist es, dein Aufschlagspiel möglichst variabel zu gestalten, d. h. oft Platzierung, Rotation und Tempo zu wechseln, damit sich dein Gegner nicht auf deine Aufschläge einstellen kann!

Gerade im Nachwuchsbereich ist allerdings häufig genau das Gegenteil zu beobachten. **Ohne nachzudenken**, werden ständig die gleichen Aufschläge gespielt.

Denke auch daran, deine Zweier-Aufschlagserien beispielsweise nicht immer mit dem gleichen Aufschlag zu beginnen bzw. zu beenden!

Wir empfehlen, die Aufschlagserien auf kurze bzw. halblange Aufschläge aufzubauen und ab und zu lange und schnelle Aufschläge einzustreuen.

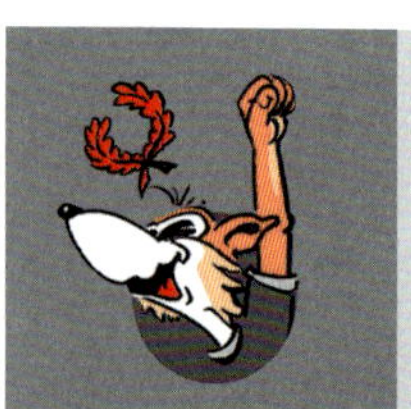

Merke dir die Aufschläge, mit denen dein Gegner die meisten Probleme hat und heb sie dir für wichtige Spielsituationen bzw. bis zum Schluss auf!

Somit hat dein Gegner nicht die Möglichkeit, im Laufe des Spiels herauszufinden, wie er diese Aufschläge anzunehmen hat und du hast am Ende immer noch ein ***Ass im Ärmel!***

Die Effektivität (Wirkung) deines Aufschlags wird aber nicht allein durch die Rotation, die Platzierung und das Tempo bestimmt, sondern hängt entscheidend davon ab, ob es dir gelingt, deinem Gegner das **Erkennen** der Rotation und der Platzierung zu erschweren oder sogar unmöglich zu machen. Hierfür kannst du die so genannten *Aufschlagfinten* verwenden.

5.1 AUFSCHLAGFINTEN

Im Folgenden wollen wir dir Aufschlagfinten vorstellen, mit denen du, bei scheinbar gleicher Aufschlagbewegung, dem Ball völlig verschiedene Rotationen verleihen kannst.

Nutze diese Kenntnisse in Zukunft für deine eigenen Aufschläge, achte aber auch als Rückschläger darauf, ob sie dein Gegner einsetzt!

5.1.1 FINTE „MIT/OHNE ROTATION"

Bei der Finte „mit/ohne Rotation" wird durch **Veränderung des Schlägerwinkels** im Balltreffpunkt oder aber der **Stärke des Handgelenkeinsatzes** (eventuell auch miteinander kombiniert) bei sonst gleicher Bewegungsausführung einmal ein Aufschlag mit, das andere Mal ein Aufschlag ohne bzw. mit sehr wenig Rotation ausgeführt.

Einige Aufschläger stampfen zudem während des Ball-Schläger-Kontakts mit einem Fuß auf, um dem Gegner die Möglichkeit zu nehmen, anhand des Treffgeräuschs Ball/Schläger die Rotationsstärke zu erkennen.

Zwei andere Finten, bei denen du die Rotation durch den zeitlichen Balltreffpunkt bei sonst gleicher Bewegungsausführung variieren kannst, sind Aufschläge, die nach dem Scheibenwischerprinzip, und solche, die nach dem *Umkehrprinzip* ausgeführt werden.

5.1.2 DAS SCHEIBENWISCHERPRINZIP

Beim Scheibenwischerprinzip ist die Hauptschlagrichtung bogenförmig.

Beim typischen hochgeworfenen Vorhandaufschlag (mit Rechtsdrall) aus der Rückhandseite sowie beim Rückhandaufschlag mit Linksdrall ist der Bogen nach oben geöffnet.

Triffst du den Ball **vor** dem *Mittelpunkt des Bogens*, also in der ersten Phase der Bewegung, erhält er Seit**unter**schnitt!

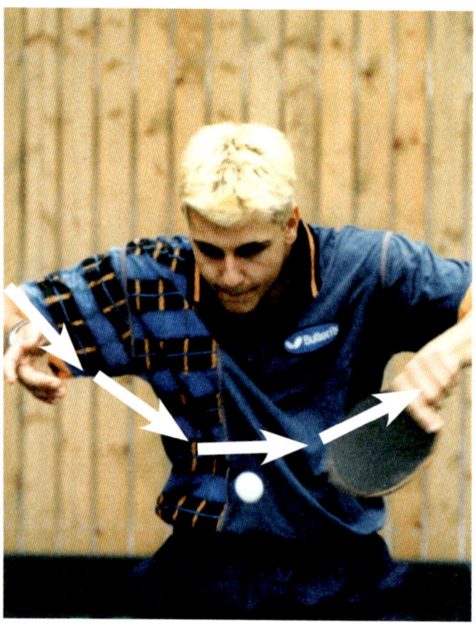

Foto 17: Triffst du ihn am Mittelpunkt, also bei diesem Rückhandaufschlag am untersten Punkt des Bogens, erhält er nur Seitenschnitt!

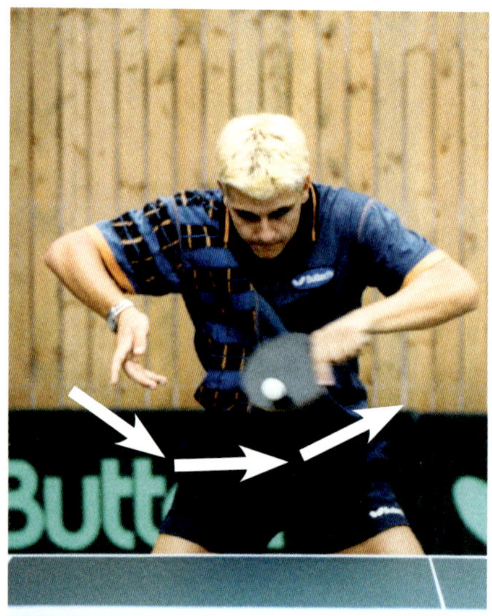

Foto 18: Triffst du ihn nach dem Mittelpunkt, also in letzten Phase der Bewegung, erhält der Ball Seitüberschnitt!

5.1.3 DAS UMKEHRPRINZIP

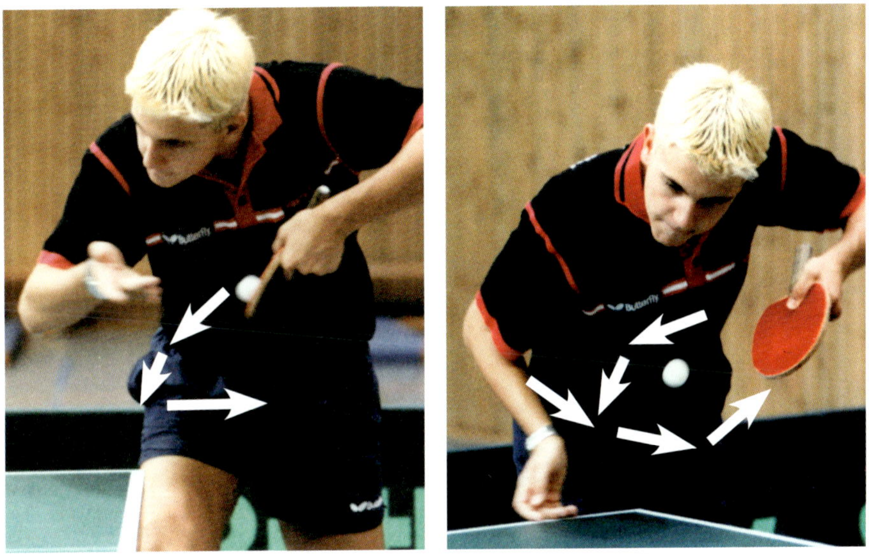

Fotos 19 und 20:

Bei Aufschlägen, die nach dem Umkehrprinzip gespielt und mit der Vorhand ausgeführt werden, lässt sich die Richtung des Seitenschnitts verändern.

Wurde beim Scheibenwischerprinzip dem Ball bei allen drei Balltreffpunkten jeweils Seitenschnitt mit der gleichen Richtung verliehen, so erhält der Ball beim Treffen **vor** dem Umkehrpunkt Seitenschnitt nach **rechts**.

Wird er aber **nach** dem Umkehrpunkt getroffen, so erhält der Ball Seitenschnitt nach **links**.

Denke daran:

Timo ist Linkshänder! Also erzeugt er durch das Treffen vor dem Umkehrpunkt (Foto 19) Linksdrall! Foto 20 zeigt Timo, kurz nachdem er den Ball nach dem Umkehrpunkt getroffen und ihm somit Rechtsdrall verliehen hat!

5.2 TIPPS ZUM AUFSCHLAGTRAINING

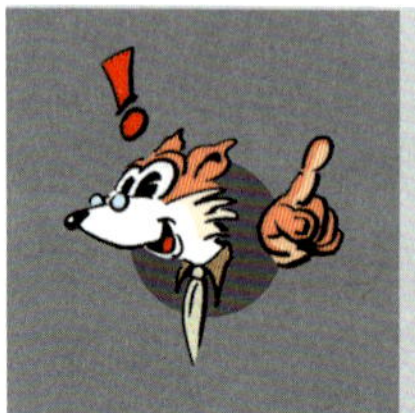

Versuche, das Aufschlagtraining fest in dein wöchentliches Trainingsprogramm zu integrieren!

Die besten Aufschlagspieler trainieren ihre Aufschläge täglich!

Trainiere deine Aufschläge zuerst immer allein, also ohne Rückschläger!

Nimm dir einen Balleimer und spiele 15-30 Minuten lang Aufschläge deiner Wahl!

Wie dein Aufschlag letztendlich aussieht, bleibt ganz allein dir überlassen. Hier werden deiner Kreativität keine Grenzen gesetzt!

Innerhalb eines Aufschlagtrainings kannst du entweder mehrere verschiedene Aufschläge trainieren oder aber ganz gezielt einen bestimmten Aufschlag einüben bzw. verbessern!

Probiere ruhig auch neue Aufschläge aus!

Wenn dir nichts mehr einfällt, wende dich an deinen Trainer oder schau dir einfach etwas bei anderen Spielern ab!

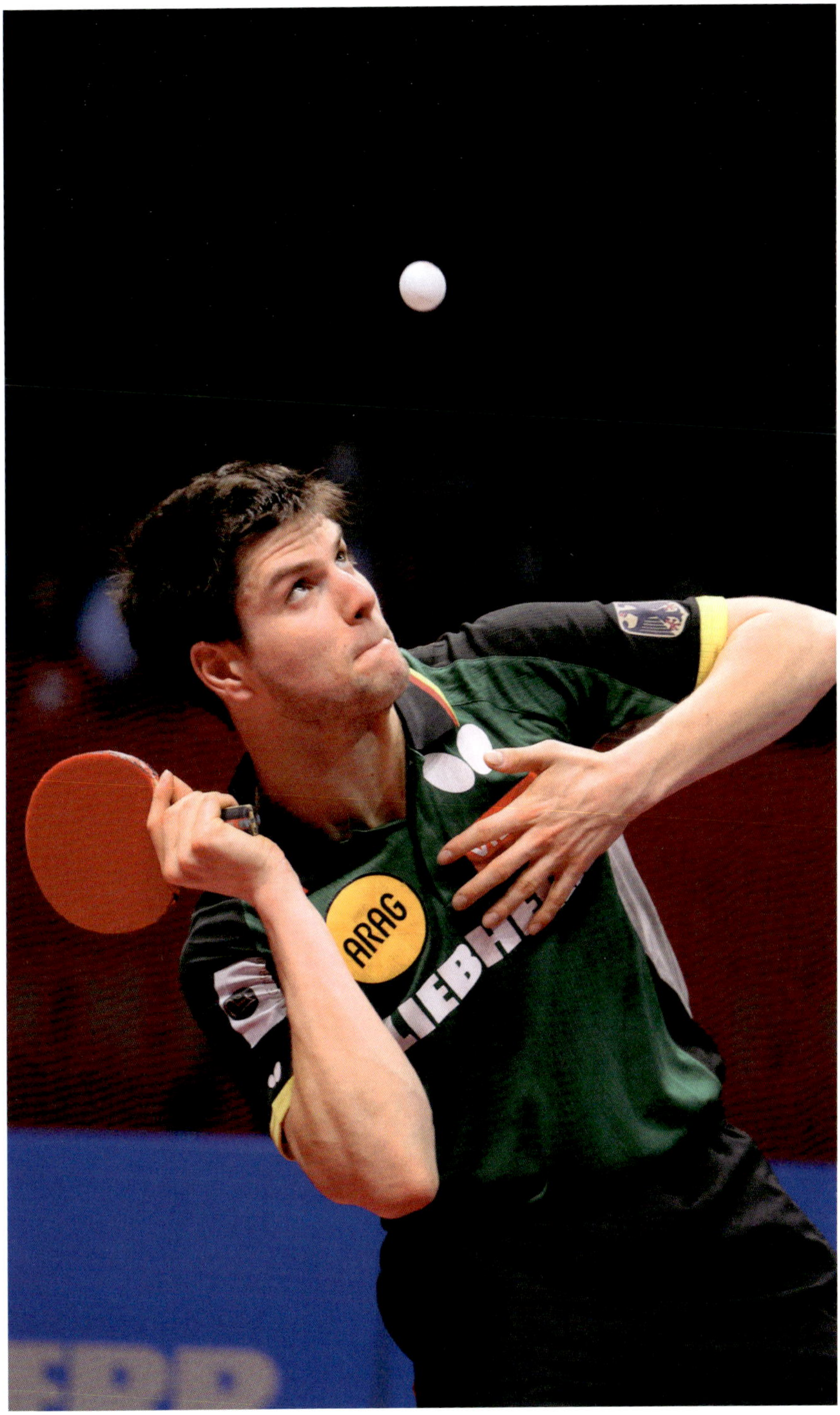
ARAG
LIEBHE

RÜCKSCHLAGTAKTIK

06

6 RÜCKSCHLAGTAKTIK

Nachdem Du im vorigen Kapitel gelernt hast, wie du deine Aufschläge gewinnbringend einsetzen kannst, wollen wir dir nun Tipps geben, wie man gegnerische Aufschläge „entschärfen" kann. Dabei konzentrieren wir uns besonders auf Rückschläge gegen Aufschläge, die kurz oder halblang mit Seitenschnitt (kombiniert mit Unter- oder Überschnitt) auf deiner Tischhälfte aufspringen.

Das Besondere bei diesen Rückschlägen ist, dass der ankommende gegnerische Seitenschnitt umgedreht wird und dass gegnerische Aufschläge mit starken Seitenschnittanteilen besonders gefährlich returniert werden können.

ANMERKUNG:
Der erste europäische Spieler, der diese Rückschlagtechnik sehr erfolgreich anwendete, war der noch junge Jan-Ove Waldner. Er hatte sie sich während seiner Trainingsaufenthalte in China von den dortigen Penholder-Spielern abgeschaut.

Um die passende Rückschlagtechnik zu wählen, ist es wichtig, zu erkennen, ob der gegnerische Aufschlag mit seitlichem Links- oder Rechtsdrall auf deiner Tischhälfte aufspringt.

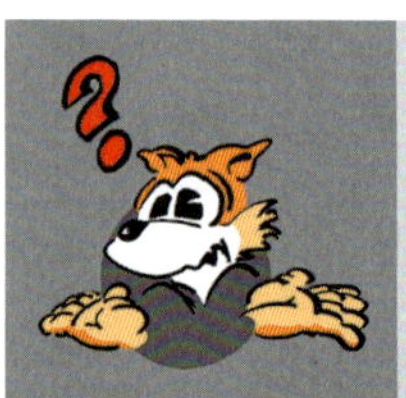

Warum ist das so wichtig?

Es ist deshalb so wichtig, weil der Rückschlag in die entgegengesetzte Drallrichtung ausgeführt werden muss. Der ankommende gegnerische Seitenschnitt wird also umgekehrt.

Dies lässt sich in den folgenden Abbildungen gut erkennen.

Rückschlagschupftechnik mit VH und RH auf Aufschläge mit ankommendem Linksdrall

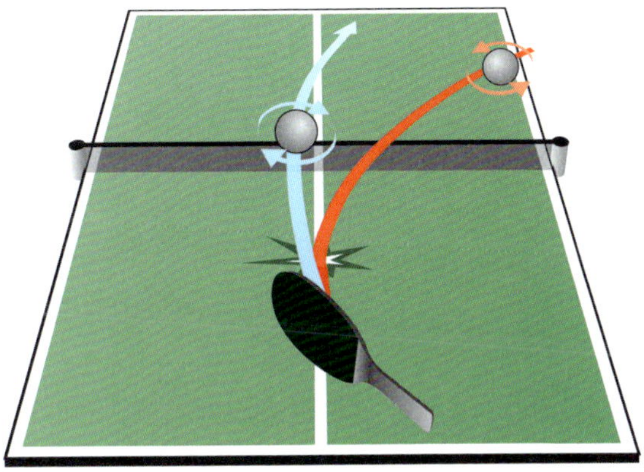

Abb. 31: Perspektive 1

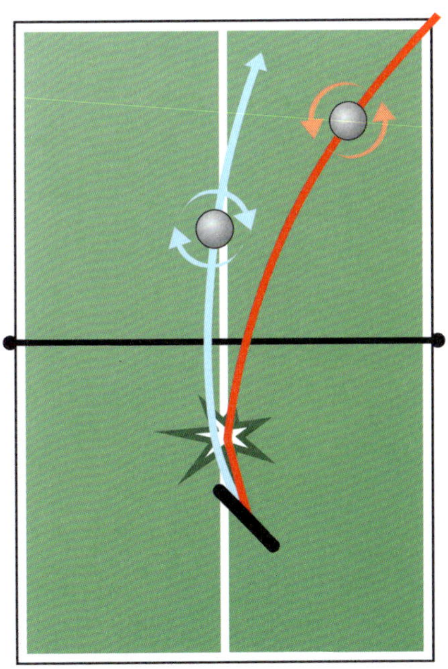

Abb. 32: Perspektive 2

BEACHTE:

Der ankommende gegnerische Linksdrall „gräbt" sich in den Belag des schräg gestellten Schlägers. Die Bewegung des Schlägers erfolgt von links hinten nach rechts vorn. Aus gegnerischem Linksdrall wird Rechtsdrall. Der Schläger muss so schräg gegen den ankommenden Aufschlag gestellt werden, dass er nicht in das Schlägerholz „durchschlägt". Ein guter und sehr rotationsreicher Rückschlag ist deshalb auch immer sehr leise.

Bei ankommendem Rechtsdrall (siehe Abbildungen 33 und 34) verhält es sich genau umgekehrt. Achte auf den Winkel des Schlägers. Die Schlagbewegung erfolgt jetzt von rechts hinten nach links vorn. Aus dem ankommenden gegnerischen Rechtsdrall wird Linksdrall.

Rückschlagschupftechnik mit VH und RH auf Aufschläge mit ankommendem Rechtsdrall

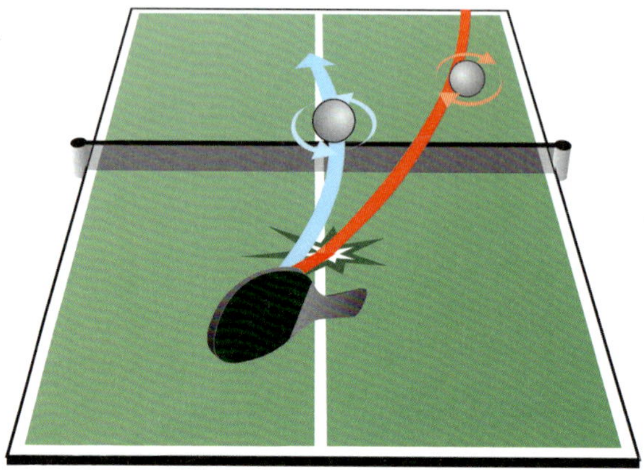

Abb. 33: Perspektive 1

Durch das „Eingraben" des Balls in den Belag kommt es zu einer Art Katapulteffekt – besonders wenn die Schlagbewegung kurz und dynamisch ausgeführt wird. Dies hat zur Folge, dass dein Gegner nicht nur „seinen Seitenschnitt" (mit umgekehrter Richtung) zurückbekommt, sondern mit noch mehr Rotation.

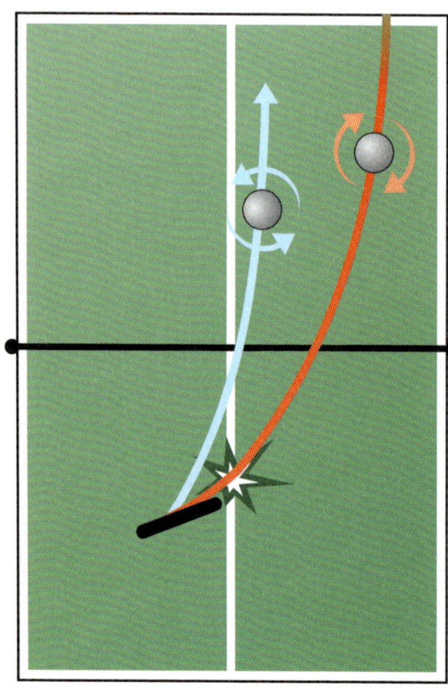

Abb. 34: Perspektive 2

ANMERKUNG:

Als Jan-Ove Waldner diese Techniken, wie oben beschrieben, gegen seine europäischen Gegner einsetzte, waren sie von der returnierten Stärke des Seitenschnitts so verunsichert, dass sich einige entschlossen, rotationsärmer gegen ihn aufzuschlagen.

RH-Sidespin (auch Chiquita oder Bananenspin genannt) als Aufschlagreturn über dem Tisch

Schaut man sich die Aufschlagreturns von internationalen Spitzenspielern auf kurze und halblange Seitenschnittaufschläge (kombiniert mit Unter- oder Überschnitt) an, so fällt auf, dass deutlich mehr mit der Rückhand als mit der Vorhandseite ausgeführt werden. Noch vor einigen Jahren agierten besonders vorhanddominante Spieler fast ausschließlich mit Vorhandtechniken über dem gesamten Tisch.

WARUM DIESE VERÄNDERUNG?

Betrachtet man die Anatomie (Körperbau) des Menschen, so stellt man fest, dass Schlagtechniken, die über dem Tisch ausgeführt werden, besser mit Rückhandtechniken gespielt werden, da der Ball bei diesen Techniken vor dem Körper getroffen wird und der Tisch weniger „im Weg" steht als bei Vorhandtechniken, bei denen der Ball seitlich vor dem Körper getroffen wird. Dies gilt besonders für Rückschläge auf halblange Aufschläge in die Tischmitte.

WARUM WIRD DIESE RÜCKHANDSPINTECHNIK MIT SIDESPIN (BEIM RECHTSHÄNDER MIT RECHTSDRALL) GESPIELT?

Es gibt zwei große Vorteile bei dieser Technik. Der erste ist die Ausholbewegung für diesen Schlag. Beim „normalen" Rückhandtopspin über dem Tisch auf gegnerischen Schnitt (besonders mit Seitunterschnitt) kann die Ausholbewegung nur sehr kurz ausfallen, da diese durch den Tisch nach unten hin begrenzt wird. Wird die Ausholbewegung dagegen nach seitlich (rechts) hinten über dem Tisch ausgeführt, so ist der Tisch nicht „im Weg" und sie kann deshalb länger ausfallen.

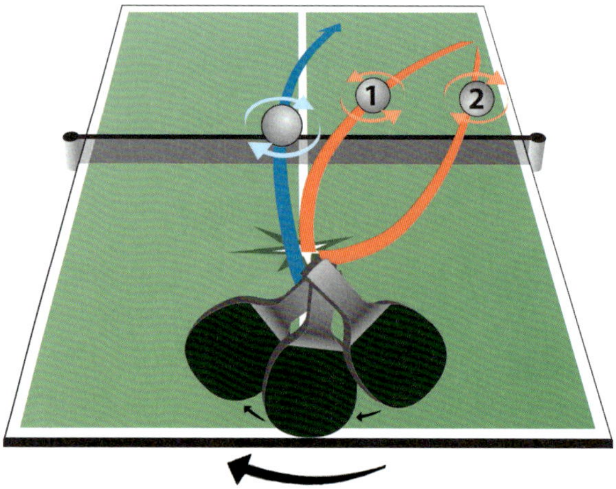

Abb. 35

Der zweite ist, dass sich diese Rückschlagtechnik sowohl auf gegnerische Sidespintechniken mit Rechtsdrall (siehe Ball 2) als auch mit Linksdrall (siehe Ball 1) ausführen lässt. Dies macht sie zu einer gefährlichen Allzweckwaffe gegen sämtliche kurze und halblange Seitenschnittaufschläge, die über dem Tisch returniert werden.

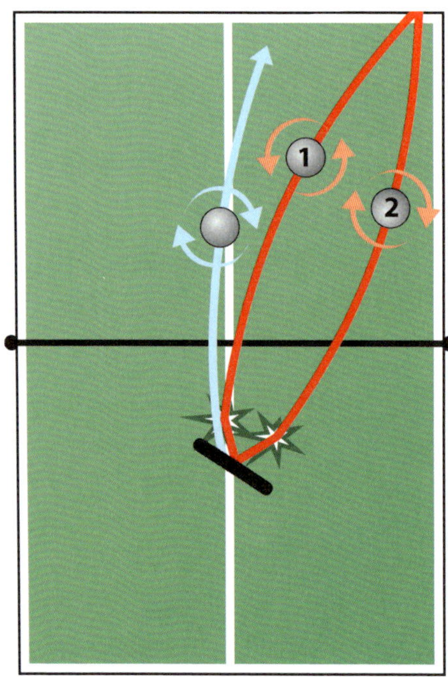

Abb. 36

Kommt der gegnerische Aufschlag mit Linkssdrall (aus Sicht des Rückschlägers), wird der ankommende Sidespin „mitgenommen" und durch die eigene Handgelenksbewegung kann sie noch verstärkt werden.

Kommt der gegnerische Aufschlag dagegen mit Rechtssdrall (aus Sicht des Rückschlägers), wird der Rückschlag genauso ausgeführt. Dabei wird der ankommende gegnerische Sidespin „umgedreht", d. h., der gegnerische Spin „gräbt" sich in den Belag und die Sidespinrichtung ändert sich von Rechtsdrall zu Linksdrall. Das gerade beschriebene „Eingraben" und die Handgelenksbewegung erzeugen also eine Art Katapulteffekt – der ankommende Sidespinaufschlag wird mit veränderter Sidespinrichtung (aus Rechtsdrall wird Linksdrall) zurückgespielt. Der Katapulteffekt sorgt dafür, dass der returnierte Ball eine höhere Umdrehung (mehr Sidespin) als der ankommende Aufschlag aufweist.

ANMERKUNG:

Zwei Spieler, die diese gerade beschriebene Technik besonders häufig anwenden, sind der aktuelle deutsche Olympia-Bronzemedaillengewinner im Einzel Dimitrij Ovtcharov sowie der Chinese Fan Zhendong. Er ist amtierender Olympiasieger mit der chinesischen Mannschaft und Weltmeister im Herren-Einzel.

Wie viele andere Topspieler spielen sie über dem Tisch RH-dominanter und hinter dem Tisch VH-dominanter.

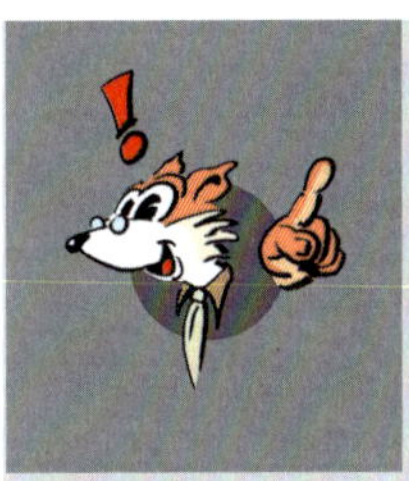

Surftipp:

Du findest Videos dieser beiden Spieler und noch vieler anderer Topspieler unter www.tt-action.de

Lesetipp zur Vertiefung des gerade Dargestellten:

Tischtennis – verstehen, lernen, spielen von F. Fürste und W. Friedrich.

DOPPEL

07

7 DOPPEL

Es ist nun schon über ein Vierteljahrhundert her, aber für viele Tischtennisfreunde ist es der größte Erfolg im Deutschen Tischtennissport:

1989 wurden Jörg Roßkopf und Steffen Fetzner gemeinsam Weltmeister im Doppel – und das vor heimischer Kulisse in der Dortmunder Westfalenhalle!

Als die beiden noch am selben Abend im *Aktuellen Sportstudio* nach dem Geheimnis ihres Erfolgs gefragt wurden, gaben sie neben einem fantastischen Publikum, welches dazu beigetragen habe, dass sie sich in einen wahren Spielrausch steigerten, auch an, dass es wohl kaum ein Doppel auf der Welt gebe, das so eng zusammen sei wie sie.

„Rossi" und „Speedy" waren damals dicke Freunde und lebten sogar zusammen in einer Wohngemeinschaft.

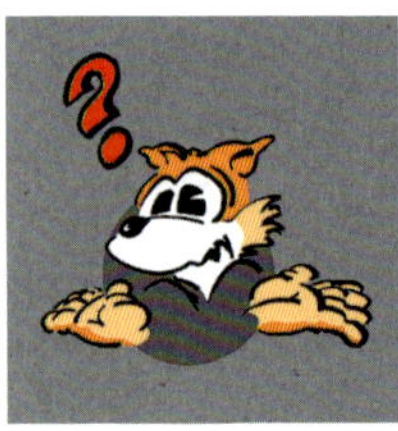

Muss man also befreundet sein, um ein erfolgreiches Doppel zu werden?

Dieser und weiteren Fragen wollen wir in diesem Kapitel auf den Grund gehen und dir somit helfen, bestmöglich Doppel spielen zu können.

7.1 ALLES IST ANDERS

Beim Doppelspiel im Tischtennis muss – im Gegensatz zum Tennis – der Ball abwechselnd geschlagen werden. Ausnahmen gibt es im Bereich des Behindertensports, auf die wir aber hier nicht näher eingehen werden.

Daher müssen Doppelpartner gut zusammenarbeiten, denn als Spieler empfängt man nie die gegnerische Antwort auf den eigenen Ball, sondern immer die auf den Ball seines Doppelpartners. Gefragt sind also Teamplayer, die nicht nur möglichst viele Informationen über die Gegner kennen, sondern auch alles über die Stärken und Schwächen des Partners wissen und auch berücksichtigen sollten.

Um als Doppel gut zu harmonieren, muss man also nicht unbedingt befreundet sein, aber man muss sich gegenseitig respektieren und vor allem die Fehler des Partners tolerieren können.

Ein guter Doppelspieler fragt sich bei einem Fehler seines Partners immer auch nach eigenen Fehlern. „War mein Aufschlag zu lang?", „War meine Platzierung zu ungenau?" ...

Darüber hinaus braucht man Vertrauen. Doppelspieler benötigen neben Selbstvertrauen auch Vertrauen in den Partner und in die Zusammenarbeit.

Man kann am Tisch sehr schnell erkennen, ob bei einer Doppelpaarung die Chemie stimmt.

Gute Doppelpaarungen bewegen sich ähnlich. Sie laufen zusammen in die Ecke, um den Ball zu holen. Sie gehen gemeinsam zum Handtuch. Sie sprechen viel miteinander, sind viel in Kontakt.

Die zwei besten Einzelspieler bilden also nicht automatisch auch das beste Doppel.

Ganz im Gegenteil: In einem gut funktionierenden Doppel können auch zwei schwächere Einzelspieler durchaus deutlich stärkere Gegner besiegen.

7.1.1 KOMMUNIKATION IST WICHTIG

Auch wenn man als Zuschauer manchmal den Eindruck hat, eine Paarung versteht sich auch ohne Worte – sozusagen blind –, sollte man im Doppel viel miteinander sprechen. Denn nur im Doppel ist dies ja auch während eines Satzes erlaubt. Somit hat man eine hervorragende Möglichkeit, sich während des Spiels gegenseitig zu coachen. Dabei geht es nicht immer um Taktik. Es geht auch um die Befindlichkeiten des Partners. Wirkt er ängstlich, kann man ihm beispielsweise mit wenigen Worten Mut machen und dann idealerweise auch im Spiel Verantwortung übernehmen, bis der Partner lockerer wird und es bei ihm wieder besser läuft. Überdreht er, kann man ihn wieder runterbringen und somit für die notwendige Ruhe und Konzentration sorgen.

Häufig ist es vorteilhaft, wenn ein Spieler im Doppel Regie führt. Die Folgen der gefällten Entscheidungen – egal ob positiv oder negativ – müssen aber immer von beiden Spielern getragen werden.

7.2 PARTNERWAHL – GEGENSÄTZE ZIEHEN SICH AN

Das kann beispielsweise für verschiedene Spielertypen gelten. Häufig harmoniert ein sicher spielender Vorbereiter mit einem aggressiven Punktemacher. Beide Spielertypen ergänzen sich und werden zu einer starken Einheit. Genauso war es übrigens auch damals beim Weltmeisterdoppel Roßkopf/Fetzner.

Es gilt aber auch für die sogenannte *Händigkeit*. Hier verspricht die Kombination eines Rechts- und eines Linkshänders den größten Erfolg, denn diese bewegen sich in unterschiedlichen Bereichen der Box und sind sich somit nicht im Weg. Dazu kommt, dass die meisten Angriffsspieler ein vorhanddominantes Spielsystem haben und beide Spieler bei einer Rechts-Links-Kombination ihre starken Vorhandschläge ohne große Laufwege einsetzen können.

Darüber hinaus sind Linkshänder im Doppel grundsätzlich besonders wertvoll, denn sie haben im Doppel gegenüber Rechtshändern einige Vorteile. Linkshänder können, wie sie es vom Einzel gewohnt sind, ihre Auf- und Rückschläge aus ihrer Rückhandseite heraus ausführen, während Rechtshänder diese aus ungewohnter Position ihrer Vorhandseite spielen müssen. Oft wissen diese vor allem beim Aufschlag gar nicht wohin mit ihren Füßen.

Linkshänder dagegen können sich beim Aufschlag, aber auch beim Rückschlag fast neben den Tisch stellen, da sie ja im Doppel keine Bälle in ihre weite Vorhand befürchten müssen, denn hier ist ja zunächst der Partner an der Reihe. Linkshänder haben also nicht nur eine günstigere Position für Auf- und Rückschlag, sondern überlassen mit ihrem typischen Stellungsspiel gleichzeitig ihrem rechtshändigen Partner den gesamten Tisch.

Viele Vorteile einer Kombination von Rechts- mit Linkshändern gelten auch für Rechts-Rechts-Paarungen, sofern ein Spieler vorhanddominant und sein Partner rückhanddominant ist. Hier ist der Partner mit der stärkeren Rückhand quasi der Linkshänder der Doppelpaarung. Dies gilt natürlich umgekehrt auch für ein Doppel, das aus zwei Linkshändern besteht.

Häufig sind auch Doppelpaarungen erfolgreich, deren Spieler verschiedene Distanzen zum Tisch bevorzugen. Denn diese behindern sich in ihren Laufwegen kaum.

Der tischnah agierende Partner sollte dabei ein gutes passives Spiel haben, während sein Partner in der Halbdistanz durch sein Spielsystem bedingt eher Bälle mit viel Rotation spielen sollte (Topspin oder Unterschnittabwehr).

7.3 SPIELANLAGE

Grundsätzlich ist es sinnvoll, wenn zwei Spieler mit demselben Spielsystem zusammenspielen. Zum Beispiel ein Angriffsspieler mit einem Angriffsspieler und ein Abwehrspieler mit einem Abwehrspieler. Aber wie bei jedem Grundsatz gibt es auch hier Ausnahmen. Ein Abwehrspieler kann beispielsweise auch zusammen mit einem Angreifer ein erfolgreiches Doppel bilden, wenn beide Spieler die Stärken und Schwächen des Spielsystems des jeweils anderen genau kennen und ihre eigene Spielweise den damit verbundenen taktischen Anforderungen auch anpassen können. Z. B. hilft es dem abwehrenden Partner wenig, wenn du besonders gut auf gegnerische Aufschläge flippen kannst. Mit der gegnerischen Antwort kann er nicht so viel anfangen wie auf einen langen, aggressiven Schupfball mit viel Unterschnitt gespielten Ball deinerseits.

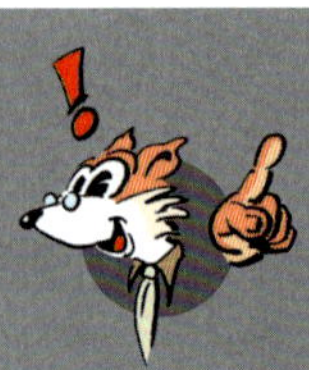

Bedenke: Du bereitest im Doppel mit deinem Schlag immer für deinen Partner vor, nicht für dich selbst!

7.4 TECHNISCHE VORAUSSETZUNGEN

Besonders im Doppel ist es wichtig gute Aufschläge und gute Rückschläge zu haben, denn dies entscheidet oft über den Ausgang eines Ballwechsels, sei es, dass der eigene Partner unter Druck gerät oder aber das gegnerische Doppel entscheidend unter Druck gesetzt werden kann.

Aber auch ein anderer, häufig vernachlässigter Aspekt sollte berücksichtigt werden.

Im Einzel orientiert sich die Technik an der Aufeinanderfolge der einzelnen Schläge. D. h. in jeder Technikausführung wird schon der nächste eigene Schlag berücksichtigt. So sollte beispielsweise dein Arm nach einem VH-Topspin nicht zu lange ausschwingen, damit du nicht überrascht bist, wenn dein Gegner mit einem schnellen Ball antwortet, und du rechtzeitig mit der Vorbereitung deines nächsten Schlages beginnen kannst.

Im Doppel ist das alles ganz anders. Die Spieler haben erheblich mehr Zeit für ihre Schläge als im Einzel, denn als Nächstes ist ja erst mal der Partner an der Reihe. Du kannst sogar nach dem Schlag hinfallen oder im wahrsten Sinne des Wortes große Sprünge machen. Im Doppel wird die Wahrscheinlichkeit, den Ballwechsel dennoch erfolgreich zu beenden, im Gegensatz zum Einzel deutlich weniger reduziert.

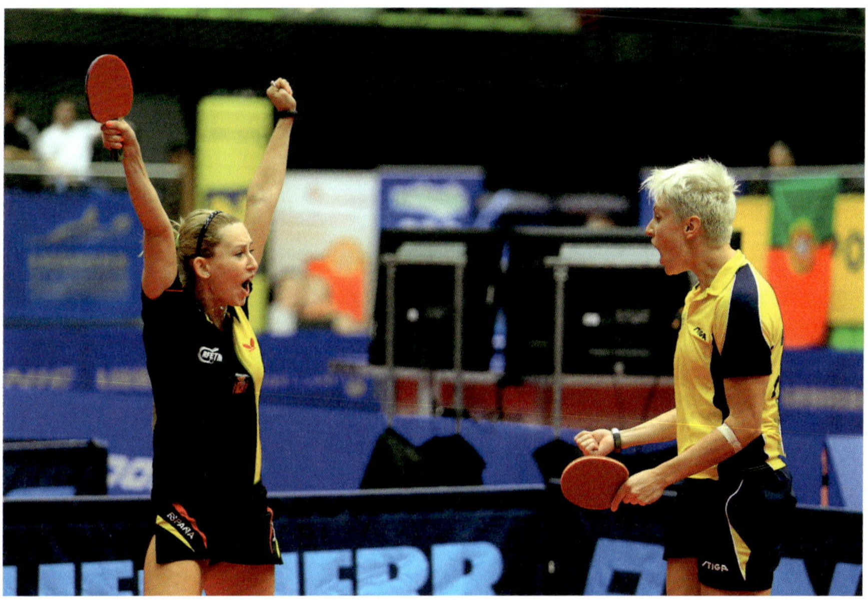

7.5 LAUFWEGE

Eine weitere Besonderheit des Doppelspiels im Vergleich zum Einzel ist, dass du nicht nur gut zum Ball hinkommen musst, sondern auch wieder gut wegkommen musst, denn dein Partner braucht Platz für seinen Schlag. Um dies zu gewährleisten, stellen wir dir im Folgenden vier spezielle Laufwege vor. Jede Doppelpaarung sollte sich Gedanken darüber machen, welche Laufwege für sie am besten geeignet sind. Diese solltest du mit deinem Partner mindestens ausprobieren, besser noch ab und an in wettkampftypischen Aufschlag/Rückschlag-Situationen trainieren.

LAUFWEG 1: REIN-RAUS

Dies ist der ideale Laufweg für eine Doppelpaarung mit einem Rechts- und einem Linkshänder. Ein Spieler kommt von links hinten an den Tisch und geht auch nach dort wieder weg. Sein Partner macht das Gleiche auf der anderen Seite. Dadurch stehen sich beide Spieler nicht im Weg und können – wie sie es vom Einzel gewohnt sind – aus der Rückhand-Ecke heraus ihr Spiel aufziehen.

Der *Rein-Raus-Laufweg* kann auch von zwei Rechts- oder zwei Linkshändern verwendet werden, sofern – wie an vorheriger Stelle erwähnt – der eine vorhand- und der andere rückhanddominant spielt.

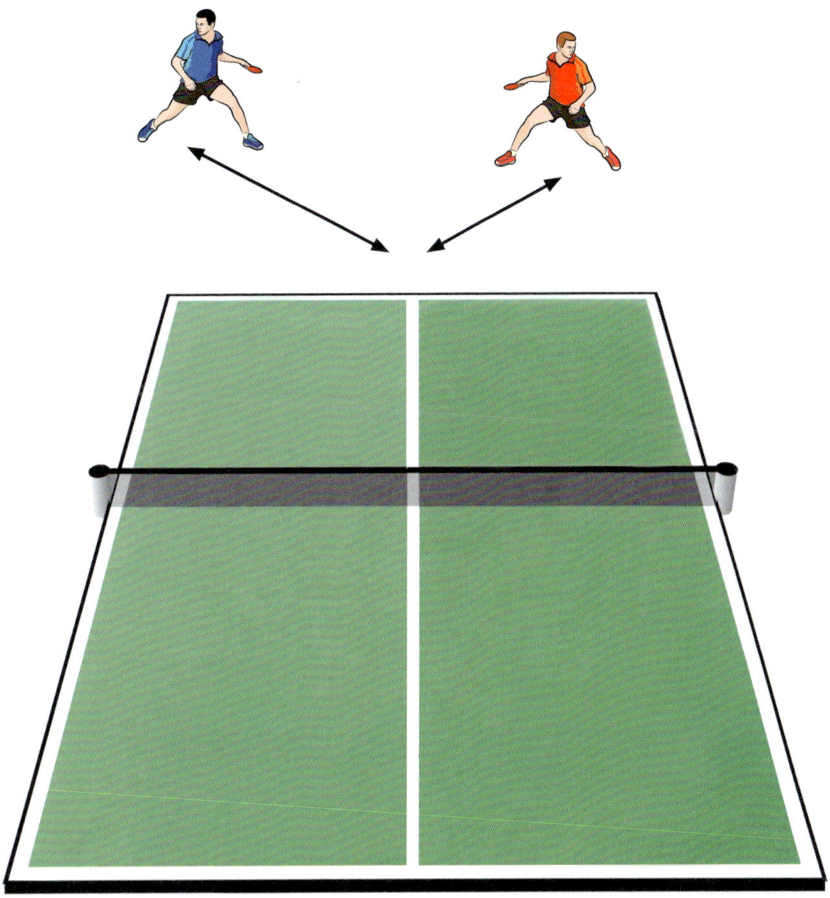

Abb. 37: Laufweg Rein-Raus

LAUFWEG 2: KREIS

Hierbei laufen die beiden Doppelpartner permanent umeinander herum.

Dieser Laufweg bietet sich für Paarungen an, die beide mit der gleichen Hand spielen und dazu auch noch die gleiche Seite – zumeist Vorhand – bevorzugen. Allerdings muss man sich bei der Umsetzung auf weite Wege einstellen und benötigt eine gute Beinarbeit.

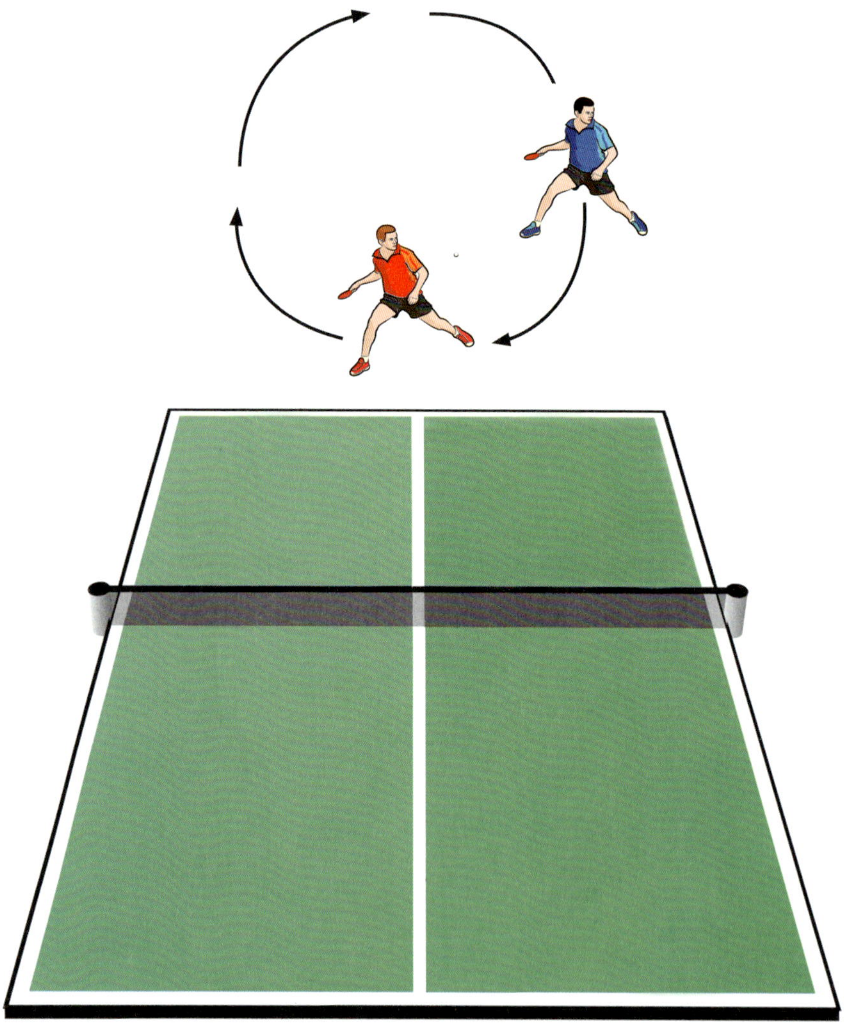

Abb. 38: Laufweg Kreis

LAUFWEG 3: T

Doppelpaarungen, deren Spieler unterschiedliche Abstände zum Tisch bevorzugen, sollten den sogenannten *T-Laufweg* wählen. Dabei kann es sich beispielsweise um eine Kombination von einem Angriffsspieler, der nah am Tisch agiert, und einem Abwehrspieler handeln. Auch für eine Paarung bestehend aus einem Angriffsspieler, der sich in der Halbdistanz am wohlsten fühlt, und einem Blockspieler ist dieser Laufweg am besten geeignet.

Der Spieler in der Nahdistanz kommt von der Seite an den Tisch und geht auch seitlich wieder weg. Sein tischfern spielender Partner kann einfach durch die Mitte zum Tisch gehen.

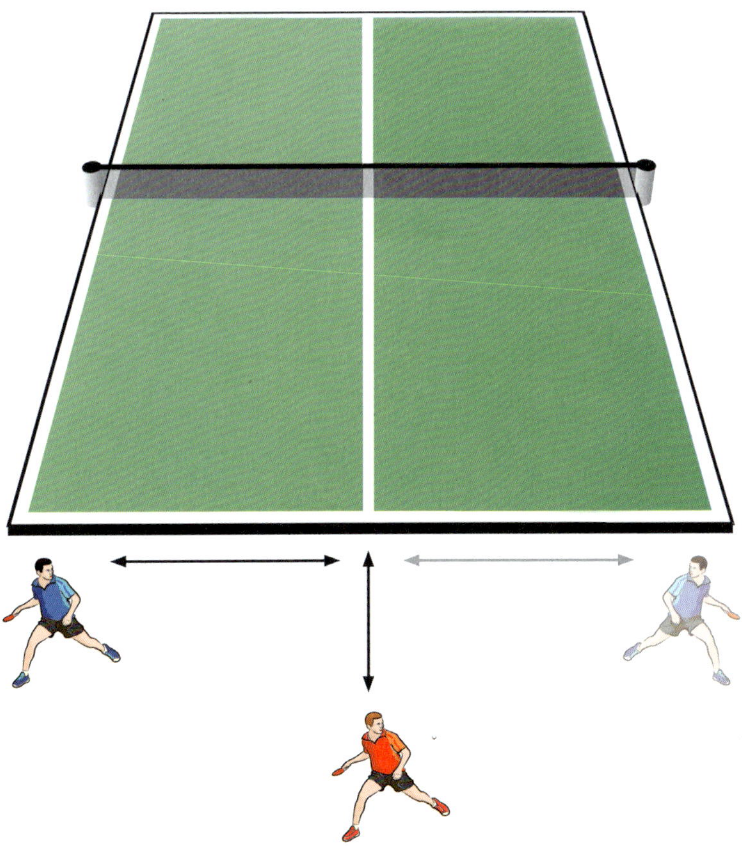

Abb. 39: Laufweg T

LAUFWEG 4: 8

Die 8 ist ein Laufweg, der angewendet werden kann, um wieder in die Ausgangsposition in der Rückhandseite zu gelangen, nachdem man zuvor in die weite Vorhand gedrängt worden ist. Insofern ist er also nicht vergleichbar mit den drei anderen Laufwegen.

Der in die weite Vorhandseite gedrängte Spieler bewegt sich dabei im Bogen hinten um den Partner herum zurück zur Tischmitte, von wo aus er seinen nächsten Schlag ausführt, und kehrt dann (erst) zurück in seine Stammposition in der Rückhandecke. Der Weg zurück in die Rückhandseite wird durch einen Zwischenschlag quasi halbiert und wird somit deutlich erleichtert.

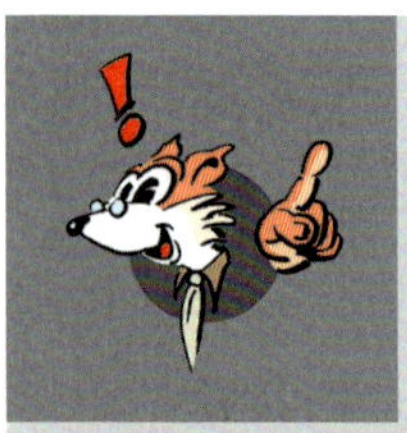

*Danach wir einfach wieder der bevorzugte Laufweg (**Rein-Raus, Kreis oder T**) angewendet.*

Klingt komplizierter als es ist. Auch hier gilt: „Übung macht den Meister!"

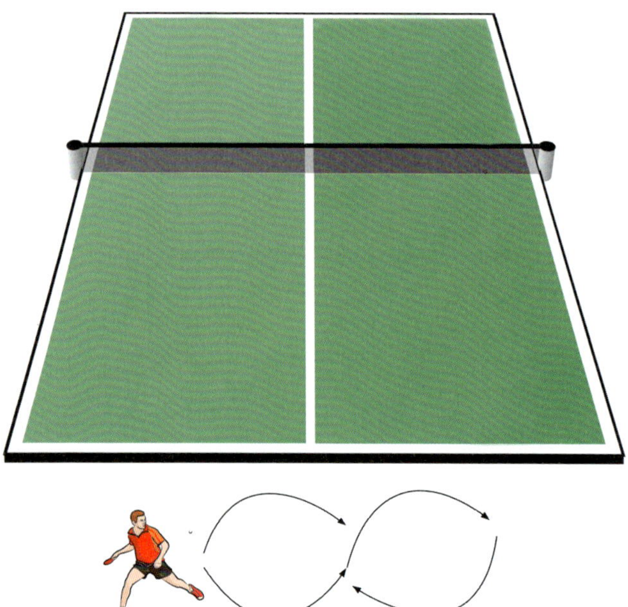

Abb. 40: Laufweg 8

7.6 TAKTIKTIPPS

Grundsätzlich stehen den Spielern im Doppel die gleichen vier taktischen Möglichkeiten für ein erfolgreiches Spiel zur Verfügung wie im Einzel. Der Einsatz der taktischen Mittel Flughöhe und Rotation (vgl. Kapitel 3 und 4) kann wie im Einzel eingesetzt werden. Beim Tempo und bei der Platzierung gibt es allerdings einige Besonderheiten im Doppelspiel, mit denen wir uns im Folgenden näher beschäftigen werden.

7.6.1 LANGSAMER SPIELEN IST DIE KUNST DES DOPPELSPIELS

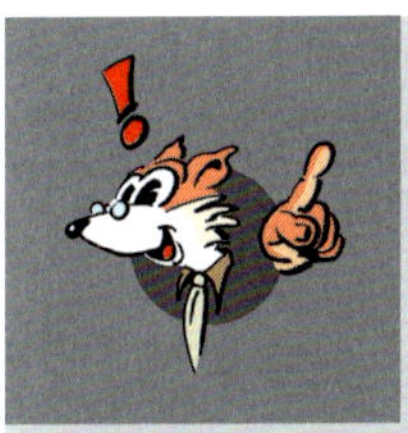

In Kapitel 2.1 haben wir dir noch empfohlen, alle Angriffsschläge möglichst schnell zu spielen, um deinen Gegner unter Zeitdruck zu setzen. Und in diesem Kapitel hast du gelernt, dass es für dich im Doppel mit der Maßgabe abwechselnd schlagen zu müssen, zunächst einmal viel einfacher ist, schnell zu spielen. Denn du hast deutlich mehr Zeit, dich in die richtige Ausgangsposition für deinen nächsten Schlag zu bringen und du musst auch nicht auf eine kurze Ausschwungphase achten, da du den nächsten Ball ja nicht selbst spielen musst.

Ein Widerspruch? Nein, denn hohes Tempo in Verbindung mit einer falschen Platzierung kann im Doppel zum Nachteil werden. Diesen taktischen Fehler kann man immer wieder beobachten, wenn ein schneller diagonaler Ball schnell diagonal zurückgespielt wird.

7.6.2 DIE PLATZIERUNG IST DAS A UND O

Im Doppel ist das vorhanddominante Spiel aus der Rückhandseite von entscheidender Bedeutung. Die Spieler können aus der Rückhandecke mehr Druck erzeugen, sie machen durch das Umlaufen der Rückhand Platz für den Partner und überlassen ihm somit den ganzen Tisch für seinen nächsten Ball. Und anders als im Einzel müssen sie nicht befürchten in der weiten Vorhand ausgespielt zu werden, weil ja bekanntermaßen vor dem eigenen Schlag erst noch der Partner an der Reihe ist. Die Rückhandseite ist also die starke Seite.

Wenn man aber vorhanddominant aus der Rückhandseite spielt, ist damit automatisch die (weite) Vorhand (s. Kapitel 1, Abb. 2) die schwache Seite bzw. der wunde Punkt.

Wird ein Spieler dort angespielt, kann er nicht nur weniger Druck erzeugen, er steht auch anschließend quasi in der falschen Ecke und hat einen langen Weg zurück zu seiner optimalen Position. Und wenn er diese nicht rechtzeitig erreicht, muss er den folgenden Ball mit der weniger druckvollen Rückhand spielen.

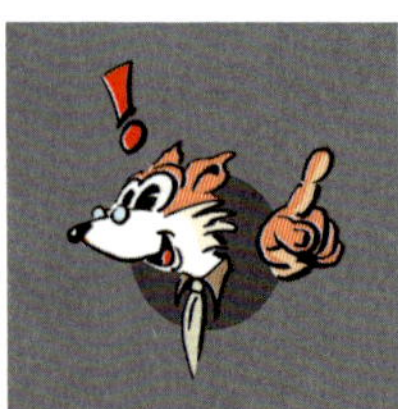

Beim Spiel gegen vorhanddominante Spieler ist sowohl im Einzel (vgl. Abschnitt 1.4.1.1) als auch im Doppel die Platzierung in die weite Vorhand ein erfolgversprechendes taktisches Mittel!

Gleichzeitig musst du bei der Platzierung deiner eigenen Schläge aber auch darauf achten, dass die Laufwege deines Partners möglichst klein gehalten werden.

Hier hilft dir dein Wissen zum Thema Streuwinkel (s. Abschnitt 1.2).

Im Doppel solltest du in die Ecke spielen, die dem Partner gegenüberliegt. Dies bedeutet konkret:

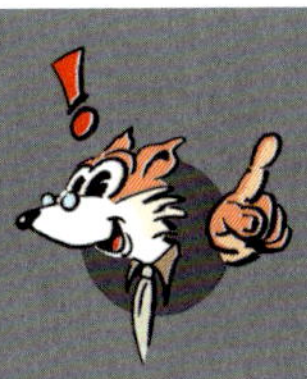

Im Doppel solltest du – und natürlich auch dein Partner – viel parallel spielen!

Die wohl bekannteste Platzierung im Doppel ist das Nachspielen. Hierbei werden die Gegner dazu gezwungen, zwei oder mehrere Bälle hintereinander aus der gleichen Position zu spielen. Auch wenn das gegnerische Doppel dies noch mit einer guten Beinarbeit lösen kann und sich nicht selbst im Weg steht, ist zumindest irgendwann dann die andere Ecke frei und kann erfolgversprechend angespielt werden.

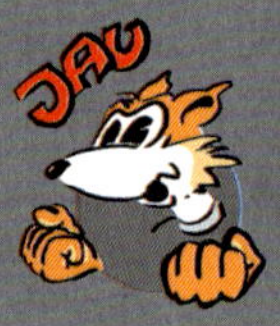

Hinterher! Spiele mit deinem Partner den Ball ein- oder mehrmals dorthin zurück, wo er herkam!

Wenn du ganz genau hinschaust, kannst du jetzt vielleicht doch einen Widerspruch erkennen. Denn manchmal passt der eine Platzierungstipp einfach nicht zum anderen. Dies ist beispielsweise der Fall, wenn die weite Vorhand des anzuspielenden Gegners gleichzeitig nicht in der Ecke liegt, die deinem Partner gegenüberliegt. Hier muss sich das Doppelpaar entscheiden, ob es in diesem Fall mehr Erfolg verspricht, für den eigenen Partner oder gegen den Gegner zu spielen.

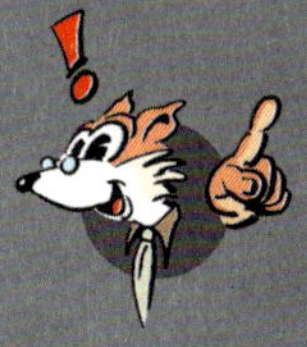

Unser Tipp:

Macht das gegnerische Doppel viel Druck, sollte zunächst dessen Schwachpunkt angespielt werden, um den Druck etwas aus dem Spiel zu nehmen.

Ist man dagegen selbst die spielbestimmende Paarung, empfehlen wir, es dem eigenen Partner so einfach wie möglich zu machen.

7.7 AUFSCHLÄGE – AUF DIE LÄNGE KOMMT ES AN

Wie im Einzel kommt auch im Doppel dem Aufschlag eine besondere Bedeutung zu.

Besonders halblange Aufschläge sind hier besonders Erfolg versprechend. Sie sind schwer kurz zu returnieren oder zu flippen und können auch nicht gut vom Gegner angegriffen werden.

Einen zu kurzen Aufschlag kann der Gegner extrem weit nach außen platzieren und auch leichter flippen.

Ist der Aufschlag zu lang, kann der Rückschläger sofort relativ einfach mit einem VH-Topspin attackieren. Im Doppel hilft auch ein hohes Tempo beim langen Aufschlag nicht, denn die Platzierungsmöglichkeiten sind aufgrund der Regel, dass diagonal aufgeschlagen werden muss, exakt halbiert.

7.7.1 MIT SCHNITT ODER OHNE?

Am effektivsten scheinen im Doppel Aufschlagfinten gänzlich ohne Rotation zu sein (s. 5.1.1). Sie lassen dem Gegner keinerlei Spielraum, die ankommende Rotation für den Rückschlag zu nutzen. Der Rückschläger kann bei einem leeren Aufschlag selbst nur wenig Unterschnitt geben, nur schlecht hart flippen oder kurz ablegen.

Für den Aufschläger dagegen ist der Aufschlag ohne Schnitt einfacher (halblang) zu platzieren.

7.7.2 ZEICHENSPRACHE UNTER DEM TISCH

Beide Spielpartner eines erfolgreichen Doppels sollten immer wissen, welche Aktionen dem Gegner möglich sind. Dazu gehört notwendigerweise, dass der eine weiß, welchen Aufschlag der andere zu spielen beabsichtigt. Ein schneller, langer Aufschlag ist wirkungslos, wenn er den eigenen Partner mehr überrascht als den Spieler auf der anderen Seite.

Diese notwendigen Informationen geben sich erfolgreiche Doppelpaarungen über bestimmte Aufschlagzeichen. Mit bestimmten Hand- und Fingerhaltungen unter dem Tisch signalisiert der Aufschläger seinem Partner, welchen Aufschlag er spielen möchte. Es gibt auch Doppelpaarungen bzw. Situationen, bei denen ein Partner sich über ein Aufschlagzeichen einen bestimmten Aufschlag wünscht.

Hierbei sind der Fantasie keine Grenzen gesetzt. Wichtig ist aber, dass beide Partner auch deren Bedeutung kennen.

Damit die Absprache über Aufschlagzeichen gelingt, müssen beide Partner deren Bedeutung kennen und auch in der Lage sein, die angezeigten Aufschläge mehr oder weniger sicher ausführen zu können. Und wieder gilt das altbekannte Sprichwort: „Übung macht den Meister!"

RISIKOABSCHÄTZUNG

08

8.1 RISIKOPHASEN

8 RISIKOABSCHÄTZUNG

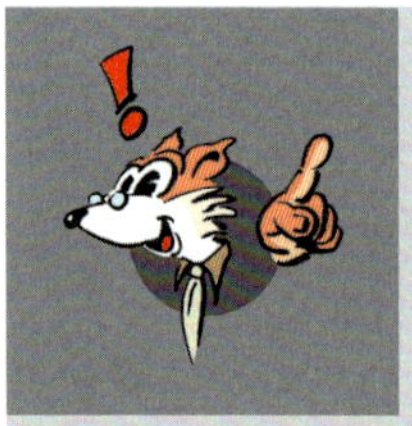

Eines der wichtigsten Merkmale von erfolgreichen Spielern gegenüber schwächeren ist es, dass sie sich und ihre spielerischen Möglichkeiten genauer einschätzen können. Die Folge davon im Wettkampf ist, dass sie in erster Linie das spielen, was sie können und nicht das, was sie am liebsten spielen würden.

Als Beispiel dafür lassen sich zwei Spieler anführen, die über einen gleich sicheren und gleich harten VH-Topspin verfügen, der sich ausgezeichnet zum punktgewinnenden Endschlag eignet. Sie heißen Stefan Stratege und Freddy Freak.

Der große Unterschied der beiden besteht darin, dass Stefan Stratege seinen VH-Topspin nur dann einsetzt, wenn er ihn vorher im Ballwechsel auch gut vorbereitet hat. Diese Vorbereitung kann beispielsweise darin bestehen, dass sein Aufschlag vom Gegner nur halblang und zu hoch retourniert werden konnte oder dass der Gegner einen langsamen Vorbereitungstopspin nur langsam und unplatziert zurück blocken konnte. In beiden Fällen hat Stefan Stratege nun eine gute Chance, mit seinem harten VH-Topspin den Ballwechsel und somit den Punkt zu gewinnen.

Was ihn aber noch darüber hinaus auszeichnet und von Freddy Freak ganz klar unterscheidet, ist, dass er auch erkennt, wann es ratsam ist, seinen harten VH-Topspin *nicht* einzusetzen, weil das Risiko, selbst einen Fehler zu machen, zu hoch wird. Um bei den beiden oben angesprochenen Spielsituationen zu bleiben, könnte der Gegner von Stefan Stratege dessen Aufschlag lang und flach retourniert oder aber dessen Vorbereitung hart und platziert zurückgeblockt haben. In beiden Fällen verzichtet Stefan Stratege bewusst auf seinen harten Topspin und führt den Ballwechsel mit einer Schlagtechnik fort, die er in dieser Situation sicherer beherrscht.

Freddy Freak hingegen setzt seinen VH-Endschlag wesentlich unbekümmerter ein. Jeder gegnerische Ball, der sich halbwegs eignet, wird von ihm ohne vorherige Abwägung des Risikos und damit der zu erwartenden Erfolgsaussichten mit einem harten VH-Topspin beantwortet.

Dies hat zur Folge, dass Freddy Freak gegenüber Stefan Stratege eine wesentlich höhere Fehlerquote beim gleichen Schlag aufweist.

Vielleicht scheint dir diese Gegenüberstellung zu extrem. Sie soll dir aber verdeutlichen, wie zwei Spieler aus vergleichbaren Möglichkeiten zu völlig unterschiedlichen Resultaten kommen. Und das nicht, weil einer der Spieler technisch besser ist, sondern weil Stefan Stratege *besser in der Lage ist*, zu unterscheiden, in welchen Situationen es angemessen ist, die Entscheidung des Ballwechsels zu suchen und in welchen er den Ballwechsel lieber abwartend fortsetzt.

Darüber hinaus ist es möglich, das Freddy Freak zwar weiß, dass er viele seiner Endschläge besser vorbereiten müsste, um erfolgreicher spielen zu können, ihm aber dafür während des Wettkampfs die nötige Geduld und taktische Disziplin fehlen.

8.1 RISIKOPHASEN

Anhand der abgebildeten Waagen erhältst du einen Überblick über die fünf möglichen Risikophasen, die es für dich während eines Ballwechsels geben kann.

Je weiter die Waage sich nach rechts unten neigt (*die Ampel sozusagen auf Grün steht*), desto größer ist die Chance, den Ballwechsel erfolgreich zu beenden. Bedenke dabei aber, dass sich ein Ballwechsel in der Regel nicht nur in eine Richtung (Aufschlag – Vorbereitungsschlag – Endschlag) entwickelt, sondern dass sich häufig – besonders bei längeren Topspinrallyes – die Chancen auf den Punktgewinn auch sehr verändern können.

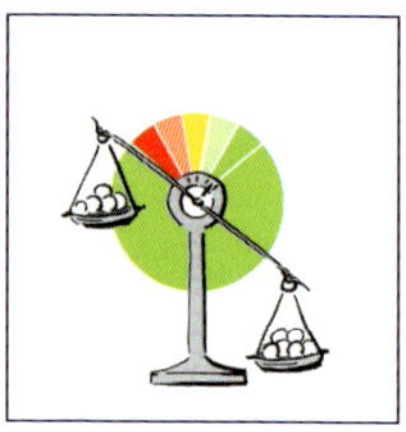

Phase 2 Du hast deinen Gegner so in Bedrängnis gebracht, dass sich dir eine sehr gute Möglichkeit zum direkten Punktgewinn bietet.

Beispiel: Dein Gegner befindet sich in der Ballonabwehr.

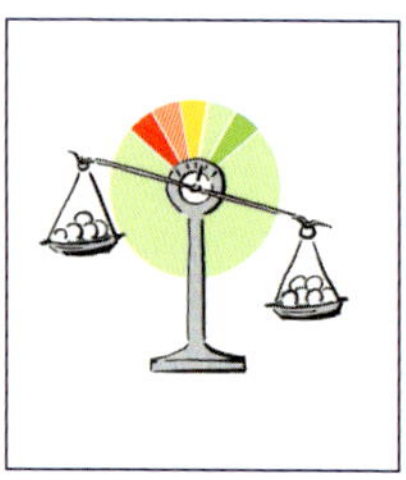

Phase 1 Durch einen Vorbereitungsschlag übernimmst du die Initiative im laufenden Ballwechsel und drängst den Gegner in eine passivere Rolle.

Beispiel: Dein Gegner kann deinen Aufschlag nur schlecht retournieren.

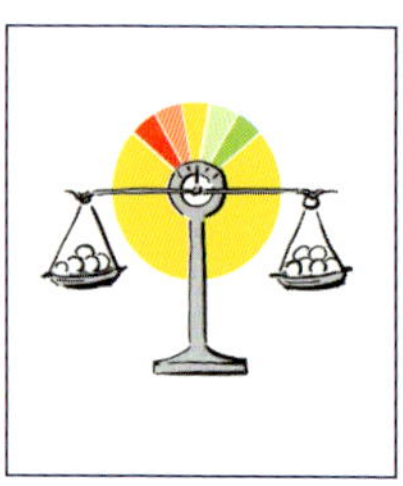

Phase 0 Der Ballwechsel ist in einer Pattsituation. Weder du noch dein Gegner haben in dieser Phase einen Vor- oder Nachteil.

Beispiel: Du und dein Gegner befinden sich in einem RH-Konterduell.

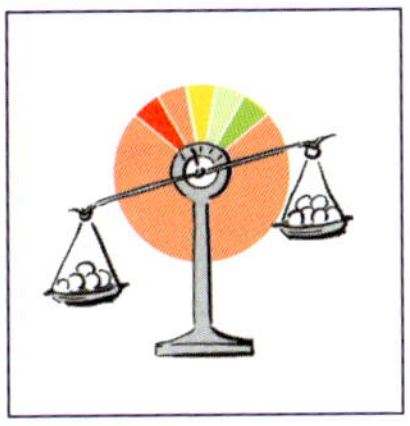

Phase -1 Durch einen Vorbereitungsschlag übernimmt dein Gegner die Initiative im laufenden Ballwechsel und drängt dich in eine passivere Rolle.

Beispiel: Dein Gegner setzt dich mit einem aggressiven Schupfball auf deine Rückhand unter Druck und du bist nicht mehr in der Lage, mit einem gut platzierten Schupfball zu antworten.

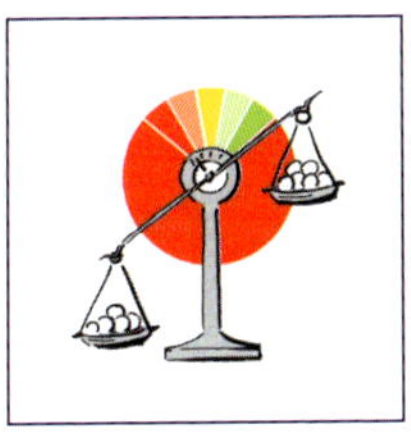

Phase -2 Dein Gegner hat dich so in Bedrängnis gebracht, dass sich ihm eine sehr gute Möglichkeit zum direkten Punktgewinn bietet.

Beispiel: Du befindest dich in der Ballonabwehr.

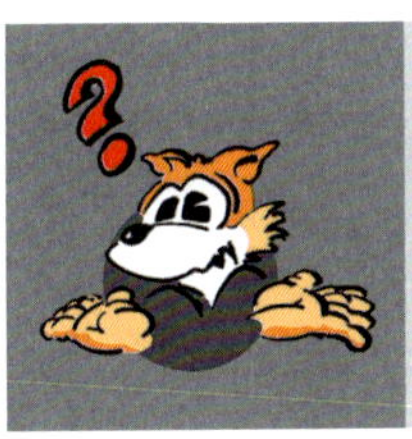

Und welchen Nutzen kann ich nun daraus für mein eigenes Spiel ziehen?

In der Praxis lässt sich häufig beobachten, dass ein Spieler, der sich z. B. in Phase -2 befindet, versucht, mit einem Schuss zu antworten, um sich selbst in Phase 2 zu bringen. Gelingt ihm das, so hat er eine sehr gute Chance, den Ballwechsel zu gewinnen. Doch in den meisten Fällen wird er den Ball nicht auf den Tisch zurückspielen können. In diesem Beispiel versucht der Spieler, sich durch einen Schlag (hier: Gegenschuss) von Phase -2 in Phase 2 zu bringen. Demnach überspringt er drei Phasen (Phase -1, 0 und 1). Vielleicht erscheint dir diese Spielsituation sehr drastisch, aber überleg dir einmal, wie viele Ballwechsel du unnötig verlierst, weil du einen gegnerischen Topspin zu hart und damit zu unkontrolliert zurückblockst. Besser dagegen ist es, im Ballwechsel den Sprung in die nächsthöhere Phase anzustreben oder – aber dann ist das Risiko auch gleich wieder größer – eine Phase zu überspringen.

EIN BEISPIEL:

Du befindest dich im RH-Konterduell mit deinem Gegner und keiner hat einen entscheidenden Vorteil (Phase 0). Um dir nun einen Vorteil zu verschaffen, spielst du einen gut platzierten – aber für dich vom Tempo noch gut kontrollierbaren – RH-Konter tief in die gegnerische Vorhand. Durch diesen Ball versuchst du, deinen Gegner vom Tisch zu drängen und ihn in eine passivere Situation zu bringen (Phase 1). Gelingt dir das, kannst du danach versuchen, deinen Gegner noch mehr unter Druck zu setzen, bis er entweder einen Fehler macht oder du ihn so unter Druck gesetzt hast (z. B. durch einen Endschlag), dass er nicht mehr an den Ball kommt. Versuchst du dagegen in der gleichen Situation (RH-Konterduell/Phase 0), mit einem sehr harten, parallelen Konterball eine Phase zu überspringen, so bist du dem eigenen Punktgewinn, aber auch dem eigenen Fehler, ein ganzes Stück nähergekommen.

Und hier schließt sich der Kreis zum Anfang des Kapitels.

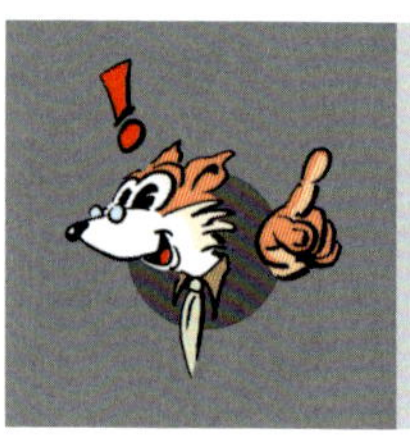

Darum ist es wichtig, dass du deine eigenen Fähigkeiten so objektiv wie möglich einzuschätzen lernst, um kein unnötiges Risiko einzugehen.

ANMERKUNG:

Vladimir Samsonov ist sicher einer der Weltklassespieler, der die oben beschriebene Möglichkeit, sich einen Punkt herauszuspielen, ohne selbst ein großes Risiko einzugehen, optimal im Wettkampf einsetzt. Wie ein Schachspieler bringt er häufig seine Gegner Zug um Zug (Schlag um Schlag) in eine schlechtere und gleichzeitig sich selbst in eine günstigere Position, bis der Ballwechsel zu seinen Gunsten entschieden ist. Nicht zuletzt deshalb sagen einige Fachleute: „Tischtennis ist wie Schach, nur mit 180 km/h ..."

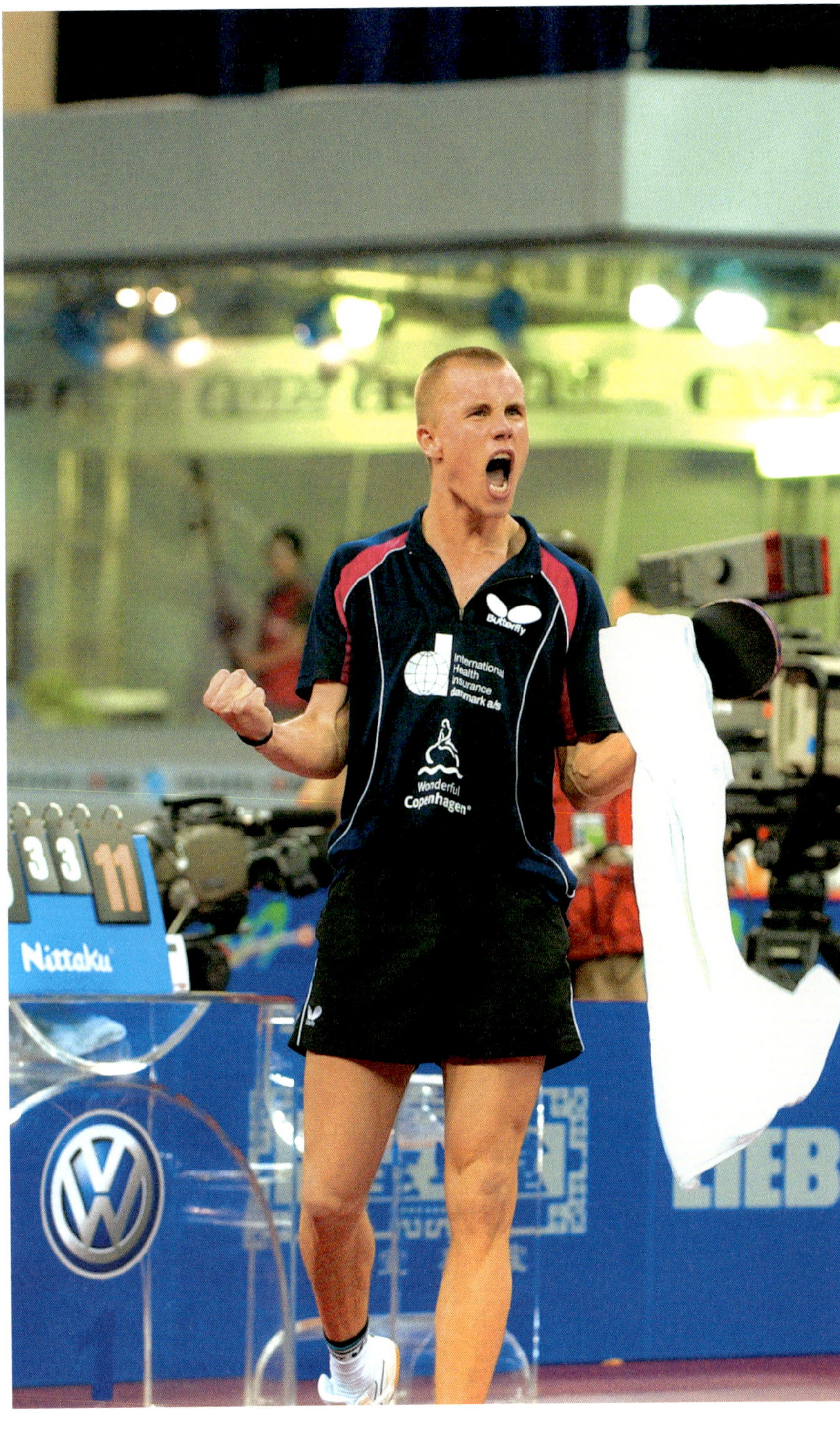
Butterfly
International Health Insurance danmark a/s
Wonderful Copenhagen
3
3
11
Nittaku

NACHWORT

09

9 NACHWORT

So – wir hoffen, du hast alles verstanden und viel Neues dazugelernt.

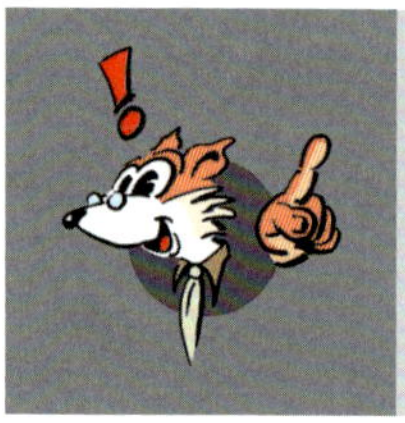

Aber, wie sagt ein bekanntes Sprichwort: „Grau ist alle Theorie!"

Soll heißen – auch wenn du jetzt viel (mehr) über das Tischtennisspiel weißt, heißt das noch lange nicht, dass du es auch im Spiel ohne weiteres umsetzen kannst.

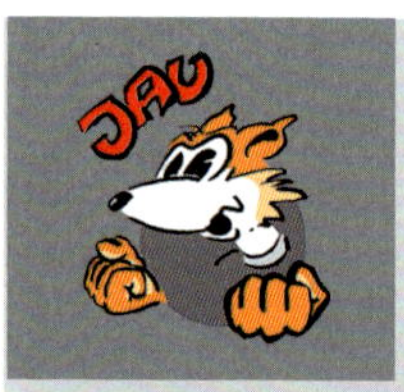

Daher gilt: TRAINIEREN – TRAINIEREN – TRAINIEREN!

Denn nur, wenn du bestimmte Situationen im Training hundertfach erlebt, also Spielerfahrung gesammelt hast, wirst du diese auch im Wettkampf(stress) meistern! Nicht zuletzt deshalb ist es auch so wichtig, im Training (wettkampfnahe) Übungen zu spielen und nicht ***nur*** *Spiele zu machen!*

Wenn du das beherzigst, wird sich dein erweitertes Wissen bestimmt auch bald in der Praxis am Tisch zeigen! Du musst nur etwas Geduld haben! Falls dir noch etwas unklar geblieben sein sollte, so wende dich an deinen Trainer und bitte ihn um Hilfe. Wir hoffen, dass du durch das Lesen dieses Buches in Zukunft auch mehr Interesse an Unterhaltungen und Diskussionen mit Mitspielern, Trainern u. a. hast. Denn: Je mehr du über Tischtennis weißt, desto vielfältiger und spannender wird es!

Übrigens – im Anschluss an das nächste Kapitel folgt ein Fragebogen quasi als kleiner Test, der zeigen soll, ob du nun wirklich im Bilde bist, was die Tischtennistaktik betrifft. Die dazugehörigen Antworten sind am Ende aufgeführt.

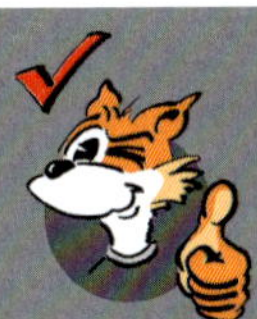

Fühle doch einmal deinem Trainer auf den Zahn, wie es um sein taktisches Wissen bestellt ist! Vielleicht kann er ja noch etwas von dir lernen!

10

9.1 DIE AUF- UND RÜCKSCHLAG- BZW. SEITENZAHL

9.2 DIE WECHSELMETHODE

10 DIE OFFIZIELLEN REGELN

Wer hat es nicht schon einmal erlebt? Erregte Eltern und Betreuer diskutieren, ob der gerade ausgeführte Aufschlag nun *richtig* oder *falsch* war. Oder sie streiten sich darüber, ob denn nun im zweiten Satz des Doppels die Aufschläger oder die Rückschläger entscheiden dürfen, wer zuerst von wem annimmt. Um solchen Streitigkeiten vorzubeugen, haben wir in diesem Kapitel die international gültigen Offiziellen Tischtennisregeln (Stand: Saison 2015/16) aufgeführt.

Auch wenn du auf Anhieb nicht alles verstehen solltest, – es klingt meist viel komplizierter, als es in Wirklichkeit ist – so hast du doch immer die Möglichkeit, deinem Gegner und dessen Anhang im Zweifelsfall die Antworten auf offene Fragen schwarz auf weiß zu präsentieren!

Wir haben uns zu diesem Kapitel aber nicht nur entschlossen, damit du bei Meinungsverschiedenheiten nachschauen kannst, sondern auch deshalb, weil vor allem zwei Regeln auch taktische Entscheidungen betreffen. Zum Ersten geht um die Regel 13 Teil A des beigefügten Regelkatalogs.

10.1 DIE AUF- UND RÜCKSCHLAG- BZW. SEITENWAHL

Wenn du diese Regel verstanden hast, kannst du sie zu einem taktischen Vorteil nutzen! Es geht um Folgendes:

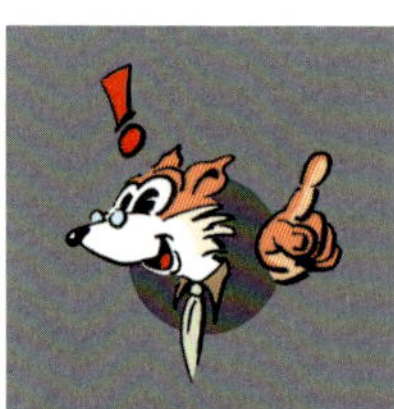

*Gewinnst du vor dem Spiel die **Wahl**, hast du die Möglichkeit, entweder Aufschlag oder Rückschlag oder eine Seite zu wählen!*

Entscheidest du dich für den Rückschlag (dein Gegner muss den Aufschlag nehmen, kann sich dann aber für eine Seite entscheiden), bist du vielleicht am Anfang des ersten Satzes im Nachteil, weil dein Gegner zuerst mit seinem Aufschlag starten kann. Dafür hast du aber am

Ende des ersten, dritten und gegebenenfalls am Ende des fünften bzw. siebten (und entscheidenden) Satzes bei knappen Spielständen (z. B. 9:9, 8:10, 10:8) jeweils eigenen Aufschlag, wenn es in der letzten Phase zum Aufschlagwechsel kommt!

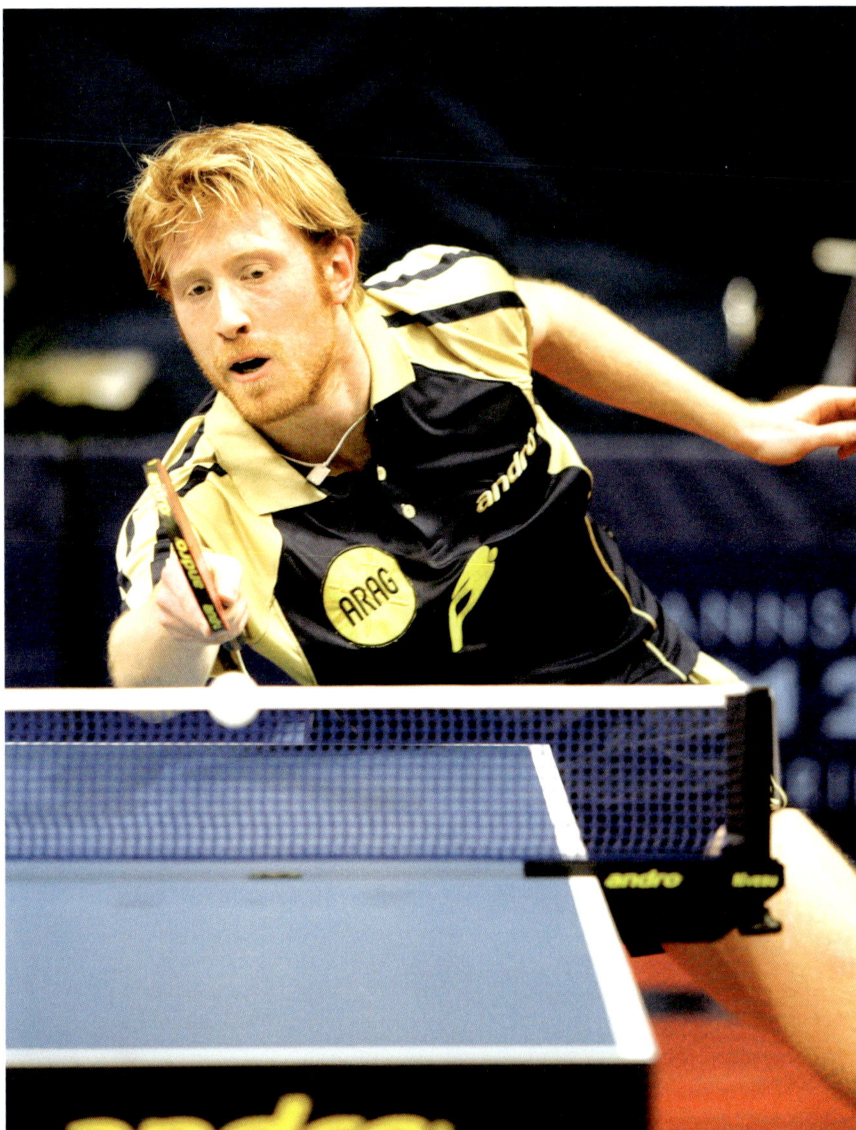

FOLGE:

Du hast immer einmal mehr die Möglichkeit, das Spiel am Ende eines Satzes mit deinem eigenen Aufschlag zu entscheiden als dein Gegner – egal, ob ihr über drei oder vier *Gewinnsätze* spielt.

Wenn du Probleme bei der Aufschlagannahme hast solltest du nach gewonnener Aufschlagwahl das Aufschlagrecht wahrnehmen, um nicht zu schnell (z. B. 1:5) in Rückstand zu geraten.

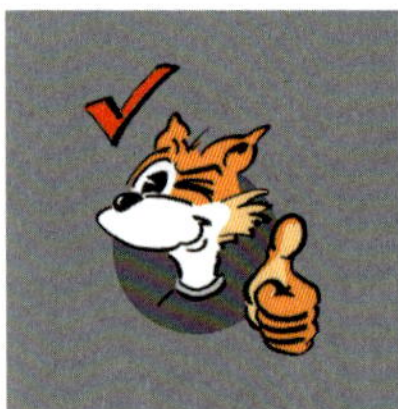

Kannst du dir vorstellen, mit den Aufschlägen gut zurechtzukommen oder bist du selbst ein guter Aufschläger, so wähle zunächst den Rückschlag, um beispielsweise aus einem 1:1 mit eigenem Aufschlag ein 3:1 herauszuholen!

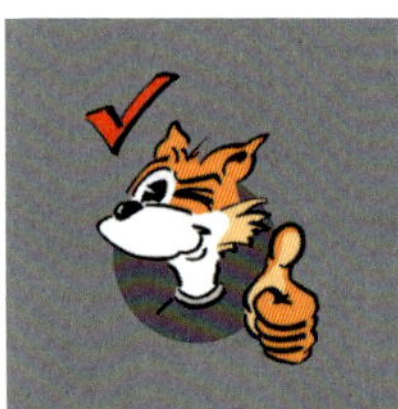

Für eine bestimmte Seite solltest du dich nur entscheiden, wenn die Spielverhältnisse auf beiden Seiten sehr unterschiedlich sind!

Hier könnte z. B. die Sonneneinstrahlung, ein weißer Hintergrund oder Lärm störend wirken.

Was auch immer dich aus dem Konzept bringen könnte – wähle zuerst die bessere Seite!

Enden Spiele 3:0 oder bei vier Gewinnsätzen 4:1, hattest du folglich immer einmal mehr den Vorteil, auf der besseren Seite zu spielen.

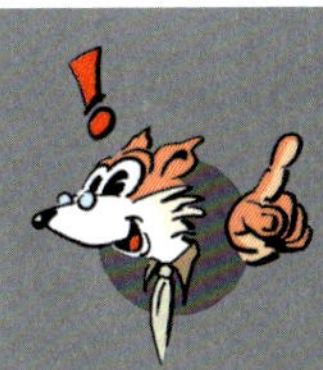

Beachte aber:

Mit der Entscheidung für eine Seite verlierst du den Einfluss auf die Wahl von Aufschlag oder Rückschlag!

Die zweite Regel, die wir aus taktischer Sicht für erwähnenswert halten, ist Regel 15.

10.2 DIE WECHSELMETHODE

Die Wechselmethode – bei den meisten Spielern besser unter dem Namen *Zeitspiel* bekannt – erläutert, welche Spielregeln sich ändern, wenn ein Satz in einem Spiel länger als 10 Minuten dauert.

Sie wurde vor vielen Jahren eingeführt, um das Spiel nicht zu lang werden zu lassen. Damals waren die Ballwechsel noch sehr lang und so konnte ein Satz schon einmal mehr als eine halbe Stunde dauern.

Heutzutage ist das Zeitspiel aus taktischer Sicht fast ausschließlich für Abwehrspieler von Bedeutung, besonders, wenn zwei *Abwehrer* aufeinandertreffen.

Beim zumeist vorkommenden Spiel zweier Angriffsspieler gegeneinander wird die Zeitgrenze von 10 Minuten so gut wie nie erreicht. Ganz im Gegenteil – die Ballwechsel werden in der Spitzenklasse meist schon nach dem Aufschlag und 1-2 weiteren Schlägen entschieden. Dies ist übrigens – nur am Rande erwähnt – auch einer von mehreren Gründen dafür, dass es unserem Tischtennissport doch heutzutage etwas an Zuschauern mangelt. Daher gibt es schon seit längerem Überlegungen, die Ballwechsel durch Regeländerungen wieder länger werden zu lassen. Einige von ihnen wurden mit Einführung der größeren 40-mm-Bälle, der neuen Zählweise, der neuen Aufschlagregelung und mit dem Frischklebeverbot auch in die Praxis umgesetzt.

Trotzdem scheint die Diskussion darüber auf nationaler wie auf internationaler Ebene noch nicht beendet.

Schaue dir doch nun einmal Punkt 15 Teil A des Regelkatalogs zum Thema *Zeitspiel* an!

Welche taktischen Auswirkungen hat das Zeitspiel?

Falls du Angriffsspieler bist, wird es, wie eben erwähnt, kaum von Bedeutung sein.

Es sei denn, du triffst auf einen Abwehrspieler.

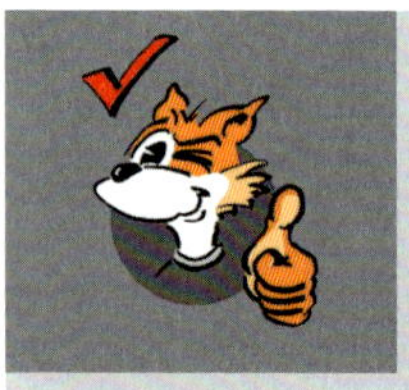

*Wenn du dabei mit deinem **Angriff** überhaupt nicht durchkommst, aber über ein hohes Maß an Sicherheit beim Schupfen verfügst, kannst du diese Regel nutzen!*

*Schupfe die Bälle einfach passiv zurück und schau, dass du **über die Zeit kommst!***

Somit zwingst du den Abwehrer dazu, selbst die Initiative zu ergreifen und das zu tun, was er eigentlich nicht so gut kann – nämlich angreifen.

Spielt er aber daraufhin genauso passiv (weiter), so läuft die Zeit zu deinen Gunsten, vorausgesetzt, der Satz dauert länger als 10 Minuten, ohne dass beide von euch mindestens neun Punkte haben. Denn dann tritt die Wechselmethode in Kraft, bei welcher der Abwehrspieler bei eigenem Aufschlag aktiv werden **muss**. Hierbei brauchst du nur 13 x den Ball zurückzubringen, um einen Punkt zu bekommen.

ÜBRIGENS:

Ist die Wechselmethode einmal in Kraft getreten, muss sie für den Rest des Spiels beibehalten werden. Dies gilt auch, wenn der Satz länger als 10 Minuten andauert, ohne dass die Zeitregel in Kraft tritt!

Treffen zwei Abwehrspieler aufeinander, sollte der mit dem besseren Angriff versuchen, in das Zeitspiel zu kommen!

Er verzichtet also zunächst auf seinen Vorteil, um aber dann nach Inkrafttreten der Wechselmethode die besseren Karten zu haben. Denn nun müssen beide aktiv werden und dies wird dem Spieler mit dem besseren Angriff leichter fallen!

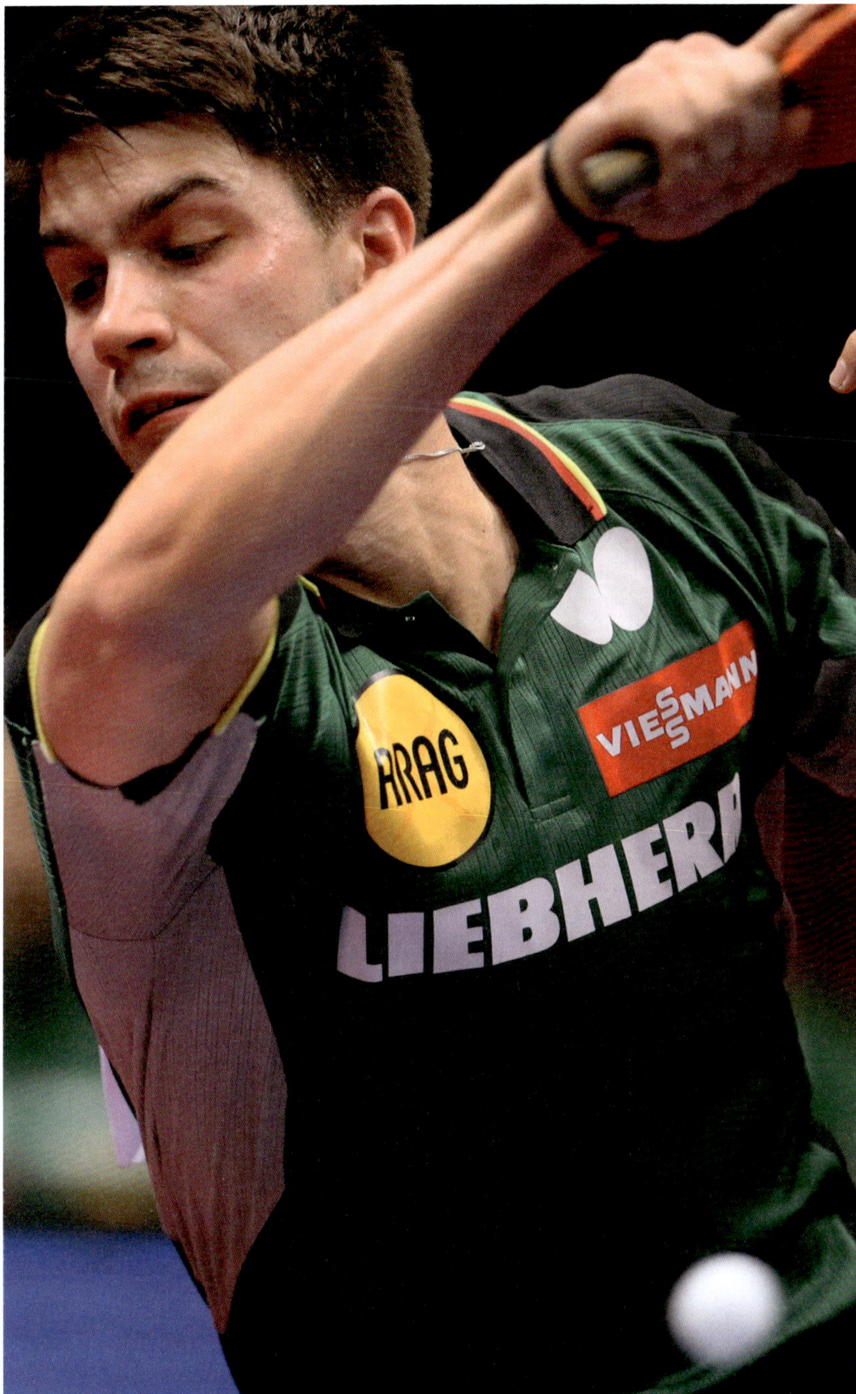
ARAG
VIESSMANN
LIEBHERR

TISCHTENNISREGELN A

1 DER TISCH

1.1 Die Tischoberfläche, auch *Spielfläche* genannt, ist rechteckig, 2,74 m lang sowie 1,525 m breit. Sie ist horizontal und eben und befindet sich 76 cm über dem Boden.

1.2 Die Spielfläche beinhaltet nicht die Außenseiten der Tischoberfläche.

1.3 Die Spielfläche kann aus beliebigem Material bestehen und muss so beschaffen sein, dass ein aus 30 cm Höhe herabfallender Standardball etwa 23 cm hoch abspringt.

1.4 Die Spielfläche ist gleichmäßig dunkelfarbig und matt, mit einer 2 cm breiten weißen *Seitenlinie* entlang der 2,74 m langen Kanten sowie einer 2 cm breiten *Grundlinie* entlang der 1,525 m langen Kanten.

1.5 Die Spielfläche ist durch ein parallel zu den Grundlinien senkrecht gespanntes Netz in zwei gleichgroße *Spielfelder* unterteilt. Die jeweiligen Spielfelder müssen in ihrer gesamten Fläche durchgehend sein.

1.6 Für Doppelspiele ist jedes Spielfeld durch eine parallel zu den Seitenlinien verlaufende weiße, 3 mm breite *Mittellinie* in zwei gleichgroße *Spielfeldhälften* unterteilt. Die Mittellinie ist Teil der rechten Spielfeldhälfte.

2 DIE NETZGARNITUR

2.1 Die *Netzgarnitur* besteht aus dem Netz, seiner Aufhängung und den Pfosten sowie den Zwingen, mit denen sie am Tisch befestigt sind.

2.2 Das Netz hängt an einer Schnur, deren Enden in einer Höhe von 15,25 cm an senkrechten Pfosten befestigt sind. Die Außenseiten der Pfosten sind 15,25 cm von der Seitenlinie entfernt.

2.3 Die Netzoberkante hat in ihrer gesamten Länge einen Abstand von 15,25 cm von der Spielfläche.

2.4 Die Netzunterkante befindet sich in ihrer gesamten Länge so nahe wie möglich an der Spielfläche; die Netzenden sind in ihrer gesamten Länge an den Pfosten angebracht.

3 DER BALL

3.1 Der Ball ist kugelförmig und hat einen Durchmesser von 40 mm.

3.2 Der Ball wiegt 2,7 g.

3.3 Der Ball besteht aus Plastik. Er ist matt und entweder weiß oder orange.

4 DER SCHLÄGER

4.1 Größe, Form und Gewicht des Schlägers sind beliebig, das *Schlägerblatt* jedoch ist eben und unbiegsam.

4.2 Das Schlägerblatt besteht in seiner Dicke zu mindestens 85 % aus natürlichem Holz. Eine Klebstoffschicht innerhalb des Blattes kann mit Fasermaterial wie Carbonfaser, Glasfaser oder Presspapier verstärkt sein, darf jedoch nicht dicker sein als 0,35 mm oder mehr als 7,5 % der Gesamtdicke ausmachen; ausschlaggebend ist der geringere Wert.

4.3 Eine Seite des Schlägerblatts, mit der der Ball geschlagen wird, ist entweder mit einfachem Noppengummi (Noppen außen mit einer Gesamtdicke einschließlich Klebstoff von maximal 2,0 mm) oder Sandwich-Gummi (Noppen innen oder außen mit einer Gesamtdicke einschließlich Klebstoff von maximal 4,0 mm) bedeckt.

4.3.1 *Einfaches Noppengummi* besteht aus einer einzelnen Schicht nicht zellartigen, natürlichen oder synthetischen Gummis mit Noppen, die sich in einer Dichte von mindestens 10 und maximal 30 pro cm^2 gleichmäßig auf seiner Oberfläche verteilen.

4.3.2 Sandwich-Gummi besteht aus einer einzelnen Schicht Zellgummi, die außen mit einer einzelnen Schicht aus einfachem Noppengummi bedeckt ist; die Dicke des Noppengummis beträgt maximal 2,0 mm.

4.4 Das Belagmaterial bedeckt das Schlägerblatt vollständig und steht nicht darüber hinaus. Nur der dem Griff am nächsten liegende Teil des Schlägerblatts, der von den Fingern erfasst wird, darf unbedeckt bleiben oder mit beliebigem Material bedeckt sein.

4.5 Das Schlägerblatt, jede Schicht innerhalb des Schlägerblatts und jede Schicht des Belagmaterials oder Klebstoffs auf einer zum Schlagen des Balls genutzten Seite ist durchgehend und gleichmäßig dick.

4.6 Die Oberfläche des Belagmaterials oder die Oberfläche des Schlägerblatts selbst, wenn dieses unbedeckt bleibt, ist matt; eine Seite ist hellrot, die andere ist schwarz.

(Nach Olympia 2020: Die Oberfläche des Belagmaterials oder die Oberfläche des Schlägerblatts selbst, wenn dieses unbedeckt bleibt, ist matt. Eine Seite ist schwarz, die andere kann eine beliebige hellleuchtende Farbe aufweisen, die sich jedoch deutlich von der in 3.3 definierten Farbe des verwendeten Balles unterscheiden muss.)

4.7 Das Belagmaterial darf vor der Benutzung weder physikalisch noch chemisch oder anderweitig behandelt werden.

4.7.1 Geringfügige Abweichungen bei der Durchgängigkeit der Belagoberfläche oder der gleichmäßigen Farbgebung, die auf versehentliche Beschädigungen oder Abnutzung zurückzuführen sind, können zugelassen werden, sofern sie die Eigenschaften der Belagoberfläche nicht merklich verändern.

4.8. Vor Beginn eines Spiels und immer dann, wenn während des Spiels der Schläger gewechselt wird, zeigt der Spieler seinem Gegner und dem Schiedsrichter den Schläger, mit dem er weiterspielen wird, und lässt zu, dass diese den Schläger genauer anschauen.

5 DEFINITIONEN

5.1 Ein *Ballwechsel* ist die Zeit, während der sich der Ball im Spiel befindet.

5.2 Der Ball befindet sich von dem Moment an *im Spiel*, an dem er, kurz bevor er im Aufschlag absichtlich hochgeworfen wird, auf dem Handteller der freien Hand ruht, bis zu dem Zeitpunkt, an dem einer der Spieler einen Punkt erzielt oder der Ballwechsel als Let entschieden wird.

5.3 Ein *Let* ist ein Ballwechsel, dessen Ausgang nicht gewertet wird.

5.4 Ein *Punkt* ist ein Ballwechsel, dessen Ausgang gewertet wird.

5.5 Die *Schlaghand* ist die Hand, die den Schläger hält.

5.6 Die *freie Hand* ist die Hand, die nicht den Schläger hält; der *freie Arm* ist der Arm der freien Hand.

5.7 Ein Spieler *schlägt* den Ball, wenn er ihn im Spiel entweder mit dem in der Hand gehaltenen Schläger oder mit der Schlaghand unterhalb des Handgelenks berührt.

5.8 Ein Spieler *hält den Ball auf*, wenn er selbst oder etwas, das er an oder bei sich trägt, den Ball im Spiel berührt, wenn dieser sich über der Spielfläche befindet oder auf die Spielfläche zufliegt, nachdem er vom Gegner geschlagen wurde und das Spielfeld des Spielers noch nicht berührt hat.

5.9 Der *Aufschläger* ist der Spieler, der den Ball in einem Ballwechsel zuerst schlagen soll.

5.10 Der *Rückschläger* ist der Spieler, der den Ball in einem Ballwechsel als zweiter schlagen soll.

5.11 Der *Schiedsrichter* ist die Person, die mit der Leitung des Spiels beauftragt ist.

5.12 Der *Schiedsrichter-Assistent* ist die Person, die beauftragt ist, den Schiedsrichter mit gewissen Entscheidungen zu unterstützen.

5.13 Das, was der Spieler *an oder bei sich trägt*, umfasst mit Ausnahme des Balles alles, was er zu Beginn des Ballwechsels an oder bei sich trug.

5.14 Die *Grundlinie* erstreckt sich unbegrenzt in beide Richtungen.

6 DER AUFSCHLAG

6.1 Zu Beginn des Aufschlags ruht der Ball frei auf dem Handteller der unbewegten freien Hand des Aufschlägers.

6.2 Der Aufschläger wirft dann den Ball, ohne ihm Effet zu verleihen, beinahe senkrecht so hoch, dass dieser nach dem Verlassen des Handtellers der freien Hand mindestens 16 cm aufsteigt und ohne etwas zu berühren wieder hinabfällt, ehe er geschlagen wird.

6.3 Während der Ball fällt, schlägt ihn der Aufschläger so, dass er zuerst sein Spielfeld und direkt darauf das Spielfeld des Gegners berührt. Im Doppelspiel berührt der Ball zuerst die rechte Spielfeldhälfte des Aufschlägers und dann die rechte Spielfeldhälfte des Rückschlägers.

6.4 Der Ball befindet sich vom Anfang des Aufschlags bis zu dem Moment, in dem er geschlagen wird, oberhalb des Spielflächenniveaus und hinter der Grundlinie des Aufschlägers; er wird für den Rückschläger weder durch den Aufschläger oder dessen Doppelpartner noch durch etwas, was diese an oder bei sich tragen, verdeckt.

6.5 Sobald der Ball hochgeworfen wurde, werden der freie Arm und die freie Hand des Aufschlägers aus dem Raum zwischen Ball und Netz entfernt.

Der Raum zwischen Ball und Netz ist bestimmt durch den Ball, das Netz und dessen unbegrenzte Ausdehnung nach oben.

6.6 Es liegt in der Verantwortlichkeit des Spielers, den Aufschlag so auszuführen, dass Schiedsrichter oder Schiedsrichter-Assistent überzeugt sein können, dass er den Regeln entspricht; jeder der beiden kann entscheiden, dass ein Aufschlag regelwidrig ist.

6.6.1 Wenn entweder der Schiedsrichter oder der Schiedsrichter-Assistent die regelgerechte Ausführung des Aufschlags anzweifelt, kann er beim ersten solchen Vorkommnis im Spiel das Spiel unterbrechen und den Aufschläger verwarnen; jeder weitere nicht eindeutig regelgerechte Aufschlag dieses Spielers oder seines Doppelpartners wird dann als regelwidrig bewertet.

6.7 Der Schiedsrichter kann die Bestimmungen für einen regelgerechten Aufschlag ausnahmsweise lockern, wenn er überzeugt ist, dass diese wegen einer körperlichen Beeinträchtigung nicht eingehalten werden können.

7 DER RÜCKSCHLAG

7.1 Nach einem Aufschlag oder Rückschlag wird der Ball so geschlagen, dass er entweder direkt oder nach Berühren der Netzgarnitur das Spielfeld des Gegners berührt.

8 SCHLAGREIHENFOLGE

8.1 Im Einzelspiel schlägt zuerst der Aufschläger auf, dann schlägt der Rückschläger zurück und danach schlagen Aufschläger und Rückschläger abwechselnd.

8.2 Im Doppelspiel (Ausnahme siehe 8.3) schlägt zuerst der Aufschläger auf, dann schlägt der Rückschläger zurück, danach schlägt der Doppelpartner des Aufschlägers, dann schlägt der Doppelpartner des Rückschlägers, und danach wird die o. g. Reihenfolge fortgesetzt.

8.3 Sitzt bei einem Doppelspiel mindestens ein Spieler eines Doppelpaares wegen einer körperlichen Beeinträchtigung im Rollstuhl, schlägt zuerst der Aufschläger auf, dann schlägt der Rückschläger zurück, dann aber dürfen die Spieler des körperlich beeinträchtigten Doppelpaares in beliebiger Reihenfolge schlagen.

9 LET

9.1 Ein Ballwechsel ist ein Let

9.1.1 wenn der Ball beim Aufschlag die Netzgarnitur berührt, vorausgesetzt, dass der Aufschlag ansonsten regelgerecht ist oder der Ball vom Rückschläger oder seinem Partner aufgehalten wird;

9.1.2 wenn der Aufschlag erfolgt, obwohl der Rückschläger oder das rückschlagende Paar nicht bereit ist und keiner von beiden versucht, den Ball zu schlagen;

9.1.3 wenn ein Aufschlag oder Rückschlag nicht ausgeführt oder eine andere Regel nicht eingehalten werden kann, weil eine Störung erfolgt, die nicht dem Einfluss der Spielers unterliegt;

9.1.4 wenn das Spiel vom Schiedsrichter oder Schiedsrichter-Assistenten unterbrochen wird;

9.1.5 wenn der Rückschläger wegen einer körperlichen Beeinträchtigung im Rollstuhl sitzt und der Ball beim Aufschlag, der ansonsten regelgerecht ist,

9.1.5.1 in Richtung des Netzes zurückspringt, nachdem er das Spielfeld des Rückschlägers berührt hat;

9.1.5.2 auf dem Spielfeld des Rückschlägers liegenbleibt;

9.1.5.3 beim Einzelspiel das Spielfeld des Rückschlägers nach Berühren der Spielfläche über eine der Seitenlinien verlässt.

9.2 Das Spiel kann unterbrochen werden,

9.2.1 um einen Irrtum zu korrigieren (siehe 14);

9.2.2 um die Wechselmethode anzuwenden;

9.2.3 um einen Spieler oder Berater zu verwarnen;

9.2.4 weil die Spielbedingungen auf eine Art gestört wurden, die sich auf das Ergebnis des Ballwechsels auswirken könnte.

10 PUNKT

10.1 Sofern der Ballwechsel nicht als Let gewertet wird, erzielt ein Spieler einen Punkt,

10.1.1 wenn sein Gegner keinen regelgerechten Aufschlag macht;

10.1.2 wenn sein Gegner keinen regelgerechten Rückschlag macht;

10.1.3 wenn nach einem Aufschlag oder Rückschlag der Ball etwas anderes als die Netzgarnitur berührt, bevor er vom Gegner geschlagen wird;

10.1.4 wenn der vom Gegner geschlagene Ball sein Spielfeld oder seine Grundlinie überquert, ohne dass er sein Spielfeld berührt hat;

10.1.5 wenn der vom Gegner geschlagene Ball durch das Netz oder zwischen Netz und Netzpfosten oder zwischen Netz und Spielfläche hindurchfliegt;

10.1.6 wenn der Gegner den Ball aufhält;

10.1.7 wenn der Gegner den Ball absichtlich zwei- oder mehrmals in Folge schlägt;

10.1.8 wenn der Gegner den Ball mit einer Seites des Schlägerblatts schlägt, die nicht den Bestimmungen gemäß 4.3, 4.4 und 4.5 entspricht;

10.1.9 wenn der Gegner oder etwas, das dieser an oder bei sich trägt, die Spielfläche bewegt;

10.1.10 wenn der Gegner oder etwas, das dieser an oder bei sich trägt, die Netzgarnitur berührt;

10.1.11 wenn die freie Hand des Gegners die Spielfläche berührt;

10.1.12 wenn im Doppelspiel der Gegner den Ball außerhalb der durch Aufschläger und ersten Rückschläger festgelegten Schlagreihenfolge schlägt;

10.1.13 nach den Bestimmungen der Wechselmethode (siehe 15.4);

10.1.14 wenn beide Spieler oder Doppelpaare wegen einer körperlichen Beeinträchtigung im Rollstuhl sitzen und

10.1.14.1 der Gegner beim Schlagen des Balles mit der Rückseite des Oberschenkels keinen minimalen Kontakt mehr zu Sitz oder Kissen hält;

10.1.14.2 der Gegner vor dem Schlagen des Balles den Tisch mit einer beliebigen Hand berührt;

10.1.14.3 die Fußstütze oder der Fuß des Gegners im Spiel den Boden berührt;

10.1.15 wenn mindestens ein Spieler des gegnerischen Doppelpaares im Rollstuhl sitzt und irgendein Teil des Rollstuhls oder der Fuß eines stehenden Spielers die gedachte Verlängerung der Mittellinie überquert.

11 SATZ

Der Spieler oder das Doppelpaar, das zuerst 11 Punkte erzielt, gewinnt einen Satz; es sei denn, beide Spieler oder Doppelpaare erzielen 10 Punkte, dann gewinnt der Spieler oder das Doppelpaar den Satz, das zuerst einen Vorsprung von 2 Punkten erzielt.

12 SPIEL

Ein Spiel besteht aus beliebig vielen Gewinnsätzen.

13 AUFSCHLAG, RÜCKSCHLAG UND SEITE

13.1 Das Recht, zwischen Aufschlag, Rückschlag und Seite zu wählen, wird durch das Los bestimmt; der Gewinner kann wählen, ob er zuerst aufschlägt oder zurückschlägt oder auf einer bestimmten Seite beginnen möchte.

13.2 Hat sich ein Spieler oder Doppelpaar für Aufschlag, Rückschlag oder eine bestimmte Seite entschieden, hat der andere Spieler oder das Doppelpaar die Wahl zwischen dem übrigen.

13.3 Nach jedem zweiten erzielten Punkt wird der Rückschläger oder das rückschlagende Paar zum Aufschläger oder aufschlagenden Paar, und so geht es weiter bis zum Ende des Satzes; es sei denn, beide Spieler oder Doppelpaare erzielen 10 Punkte oder die Wechselmethode tritt in Kraft, dann bleibt die Schlagreihenfolge gleich, doch jeder Spieler führt abwechselnd nur noch jeweils einen Aufschlag aus.

13.4 In jedem Satz eines Doppelspiels bestimmt das Paar, das den ersten Aufschlag macht, welcher der beiden Spieler aufschlägt, und im ersten Satz eines Spiels bestimmt das Paar, dass den ersten Rückschlag macht, welcher der beiden Spieler zurückschlägt; in jedem weiteren Satz des Spiels wird zunächst der Aufschläger bestimmt, und der Rückschläger ist der, der im vorangegangenen Satz auf diesen Spieler aufgeschlagen hat.

13.5 Im Doppelspiel wird bei jedem Aufschlagwechsel der vorherige Rückschläger der nächste Aufschläger, und der Partner des vorherigen Aufschlägers wird der nächste Rückschläger.

13.6 Der Spieler oder das Doppelpaar, das den ersten Aufschlag ausführt, wird im nächsten Satz des Spiels erster Rückschläger; im letzten möglichen Satz eines Doppelspiels ändert das Doppelpaar, das als nächstes zurückschlagen muss, seine Rückschlagreihenfolge, sobald eins der Doppelpaare 5 Punkte erzielt hat.

13.7 Nach jedem Satz wechseln die Spieler oder die Doppelpaare die Seiten; im letzten möglichen Satz eines Spiels wechseln die Spieler oder Doppelpaare die Seiten, sobald ein Spieler oder Paar 5 Punkte erzielt hat.

14 IRRTÜMER BEI AUFSCHLAG, RÜCKSCHLAG UND SEITENWECHSEL

14.1 Schlägt ein Spieler irrtümlich außerhalb der festgelegten Abfolge auf oder zurück, unterbricht der Schiedsrichter das Spiel in dem Moment, in dem der Fehler bemerkt wird, und setzt das Spiel nach der zu Beginn des Spiels festgelegten richtigen Abfolge fort; ein Doppelspiel wird nach der zum jeweiligen Satzbeginn vom aufschlagenden Paar festgelegten Abfolge weitergeführt.

14.2 Stehen die Spieler auf der falschen Seite, unterbricht der Schiedsrichter das Spiel in dem Moment, in dem der Fehler bemerkt wird, und lässt die Spieler die Seiten wechseln.

14.3 In jedem Fall bleiben alle Punkte, die bis zum Bemerken des Fehlers erzielt wurden, bestehen.

15 WECHSELMETHODE

15.1 Mit Ausnahme der Festlegung in 15.2 tritt die Wechselmethode in Kraft, wenn in einem Satz eine Spielzeit von 10 Minuten erreicht wurde oder zu einem beliebigen Zeitpunkt, wenn beide Spieler oder Doppelpaare dies wünschen.

15.2 Die Wechselmethode tritt nicht in Kraft, wenn in einem Satz bereits 18 Punkte erzielt wurden.

15.3 Ist der Ball beim Erreichen der Zeitgrenze im Spiel, unterbricht der Schiedsrichter das Spiel. Danach schlägt der Spieler auf, der in dem zuvor unterbrochenen Ballwechsel Aufschläger war. Ist der Ball beim Erreichen der Zeitgrenze nicht im Spiel, ist der Rückschläger des unmittelbar vorangegangenen Ballwechsels der nächste Aufschläger.

15.4 Danach führt jeder Spieler bis zum Ende des Satzes abwechselnd nur noch einen Aufschlag aus. Sobald der Rückschläger oder das rückschlagende Paar 13 regelgerechte Rückschläge ausgeführt haben, erzielen sie einen Punkt.

15.5 Das Inkrafttreten der Wechselmethode ändert die in 13.6 festgelegte Abfolge von Auf- und Rückschlag nicht.

15.6 Die Wechselmethode wird bis zum Ende des Spiels beibehalten.

TISCHTENNISREGELN B

BESTIMMUNGEN FÜR INTERNATIONALE VERANSTALTUNGEN (AUSZUG)

Die nachfolgenden Regeln und Bestimmungen der ITTF gelten, soweit nicht ausdrücklich anders festgelegt, für den Bereich des DTTB. Alle über diesen Rahmen hinausgehenden Bestimmungen dieses Abschnittes wurden nicht mit aufgenommen; sie können im Abschnitt 3 des ITTF-Handbuches nachgeschlagen werden.

1 ANWENDUNGSBEREICH DER REGELN UND BESTIMMUNGEN

1.1 Veranstaltungsarten

1.1.1 Eine Internationale Veranstaltung sind Wettkämpfe, an denen Spieler von mehr als einem Verband teilnehmen können.

1.1.2 Ein Länderkampf ist ein Wettkampf zwischen zwei Mannschaften, die Verbände vertreten.

1.1.3 Ein offenes Turnier ist ein Turnier, für das Spieler aller Verbände melden können.

1.1.4 Ein beschränktes Turnier ist ein Turnier, bei dem die Teilnahme auf bestimmte Gruppen – keine Altersgruppen – beschränkt ist.

1.1.5 Ein Einladungsturnier ist ein Turnier, bei dem die Teilnahme auf bestimmte, einzeln eingeladene Verbände oder Spieler beschränkt ist.

1.2 Anwendbarkeit

1.2.1 Abgesehen von der in 1.2.2 festgelegten Ausnahme gelten die Regeln (Abschnitt A) für Welt-, Erdteil-, Olympische und Paralympische Titelwettbewerbe, offene Turniere und, sofern nicht von den teilnehmenden Verbänden anders vereinbart, für Länderkämpfe.

1.2.2 Das Exekutivkomitee kann dem Veranstalter eines offenen Turniers dazu ermächtigen, vorübergehende Abweichungen von den Internationalen Tischtennisregeln festzulegen.

1.2.3 Die Bestimmungen für internationale Veranstaltungen gelten für

1.2.3.1 Welt-, Olympische und Paralympische Titelwettbewerbe, sofern nicht vom BOD anders genehmigt und den teilnehmenden Verbänden vorher mitgeteilt;

1.2.3.2 Erdteil-Titelwettbewerbe, sofern nicht vom zuständigen Kontinentalverband anders genehmigt und den teilnehmenden Verbänden vorher mitgeteilt;

1.2.3.3 Offene Internationale Meisterschaften (7.1.2), sofern nicht vom Exekutivkomitee anders genehmigt und von den Teilnehmern nach 1.2.4 akzeptiert;

1.2.3.4 offene Turniere (Ausnahme: 1.2.4).

1.2.4 Soll in einem offenen Turnier irgendeine Bestimmung nicht angewandt werden, so sind Art und Ausmaß der Abweichung im Meldeformular anzugeben. Wer das Meldeformular ausfüllt und einschickt, erklärt damit sein Einverständnis mit den Bedingungen für die Veranstaltung, und zwar einschließlich solcher Abweichungen.

1.2.5 Die Regeln und Bestimmungen werden für alle anderen internationalen Veranstaltungen empfohlen. Unter der Voraussetzung, dass die Satzung beachtet wird, dürfen jedoch internationale Einladungs- und beschränkte Turniere sowie anerkannte internationale Veranstaltungen, die von nicht angeschlossenen Organisationen durchgeführt werden, nach Regeln gespielt werden, die von der ausrichtenden Organisation aufgestellt wurden.

1.2.6 Im Allgemeinen ist davon auszugehen, dass die Regeln und die Bestimmungen für internationale Veranstaltungen angewandt werden, sofern nicht Abweichungen vorher vereinbart oder in den veröffentlichten Bestimmungen für diese Veranstaltung klar herausgestellt wurden.

1.2.7 Detaillierte Erläuterungen und Regelauslegungen einschließlich Materialbeschreibungen für internationale Veranstaltungen werden als vom BOD genehmigte Technische oder Administrative Broschüren veröffentlicht. Praktische Anweisungen und Durchführungsbestimmungen können als Handbücher oder Richtlinien vom Exekutivkomitee herausgegeben werden. Diese Veröffentlichungen können obligatorische Teile und auch Empfehlungen oder Anleitungen enthalten.

2 SPIELMATERIAL UND SPIELBEDINGUNGEN

2.1 Zugelassenes und genehmigtes Spielmaterial

2.1.1 Für Genehmigung und Zulassung von Spielmaterial ist, im Auftrag des BOD, das Materialkomitee zuständig.

Das Exekutiv-Komitee kann eine Genehmigung oder Zulassung jederzeit außer Kraft setzen; in der Folge kann die Zulassung oder Genehmigung durch das BOD zurückgenommen werden.

Anm: Neue Kleber erhalten keine ITTF-Zulassung, wenn sie flüchtige organische Lösungsmittel enthalten.

2.1.2 Meldeformular oder Ausschreibung für ein offenes Turnier müssen Marken und Farben der zu verwendenden Tische, Netzgarnituren, des Bodenbelags und der Bälle angeben. Die Auswahl der Tische, Netzgarnituren und Bälle richtet sich nach den Festlegungen der ITTF oder des Verbandes, in dessen Gebiet die Veranstaltung stattfindet, beschränkt sich jedoch auf solche Marken und Typen, die eine gültige ITTF-Zulassung besitzen. Für ausgewählte, von der ITTF genehmigte Turniere muss ein Bodenbelag benutzt werden, dessen Fabrikat und Marke eine gültige ITTF-Zulassung besitzen.

2.1.3 Auf dem Schläger befestigtes gewöhnliches Noppen- oder Sandwich-Gummi muss eine gültige ITTF-Zulassung besitzen und muss so auf dem Schlägerblatt angebracht sein, dass das ITTF-Logo, die ITTF-Nummer (sofern vorhanden) sowie Hersteller- und Markenname so nahe wie möglich am Griff deutlich sichtbar sind.

Anm: Das ITTF-Büro führt Listen aller zugelassenen und genehmigten Materialien. Einzelheiten sind auf der ITTF-Website einzusehen.

2.1.4 Die Tischbeine müssen für Spieler im Rollstuhl mindestens 40 cm von der Grundlinie des Tisches entfernt sein.

2.2 Spielkleidung

2.2.1 Die Spielkleidung besteht aus kurzärmeligem oder ärmellosem Hemd und Shorts bzw. Röckchen oder einteiligem Sportdress (sog. ‚Body'), Socken und Hallenschuhen. Andere Kleidungsstücke, z. B. ein Trainingsanzug (ganz oder teilweise), dürfen im Spiel nur mit Genehmigung des Oberschiedsrichters getragen werden.

2.2.2 Abgesehen von Ärmeln oder Kragen des Trikots, muss sich die Hauptfarbe von Trikot, Röckchen oder Shorts eindeutig von der Farbe des verwendeten Balls unterscheiden.

2.2.3 Auf der Kleidung dürfen angebracht sein: Nummern oder Buchstaben auf der Rückseite des Trikots zur Kennzeichnung des Spielers, seines Verbandes oder – bei Vereinswettkämpfen – seines Klubs sowie Werbung im Rahmen von 2.5.10. Falls die Rückseite des Trikots den Namen des Spielers zeigen soll, muss er dicht unter dem Kragen angebracht sein.

2.2.4 Vom Veranstalter geforderte Rückennummern zur Kennzeichnung der Spieler haben Vorrang gegenüber Werbung auf dem mittleren Teil der Rückseite des Trikots. Rückennummern müssen in einem Feld von höchstens 600 cm² Fläche (das entspricht DIN A 4) enthalten sein.

2.2.5 Alle Verzierungen, Einfassungen o. ä. vorn oder an der Seite eines Kleidungsstücks sowie irgendwelche Gegenstände – z. B. Schmuck – , die ein Spieler an sich trägt, dürfen nicht so auffällig oder glänzend-reflektierend sein, dass sie den Gegner ablenken könnten.

2.2.6 Spielkleidung darf keine Muster oder Schriftzeichen aufweisen, die Anstoß erregen oder den Tischtennissport in Misskredit bringen könnten.

2.2.7 Während eines Mannschaftskampfes müssen die daran teilnehmenden Spieler einer Mannschaft einheitlich gekleidet sein. Das gleiche gilt bei Welt-, Olympischen und Paralympischen Titelwettbewerben für die Spieler eines Doppels, sofern sie dem gleichen Verband angehören. Von dieser Bestimmung sind Socken, Schuhe sowie Anzahl, Größe, Farbe und Design von Werbung auf der Spielkleidung ausgenommen.

2.2.8 Gegnerische Spieler und Paare müssen Hemden/Trikots solcher Farben tragen, die so voneinander abweichen, dass die Zuschauer sie leicht unterscheiden können. (Anmerkung: Im Einzelspielbetrieb des DTTB und der Regional- bzw. Mitgliedsverbände gilt diese Bestimmung nicht für Spieler des gleichen Verbandes bzw. Vereines.)

2.2.9 Haben Spieler oder Mannschaften ähnliche Trikots und können sich nicht darüber einigen, wer sie wechselt, entscheidet der Schiedsrichter durch das Los. (Anmerkung: Im Einzelspielbetrieb des DTTB und der Regional- bzw. Mitgliedsverbände gilt diese Bestimmung nicht für Spieler des gleichen Verbandes bzw. Vereines.)

2.2.10 Spieler, die an Welt-, Olympischen und Paralympischen Titelwettbewerben teilnehmen, müssen von ihrem Verband genehmigte Trikots und Shorts bzw. Röckchen tragen.

2.3 Spielbedingungen

2.3.1 Der Spielraum pro Tisch („Box") ist rechteckig und seine Mindestmaße betragen 14 m Länge, 7 m Breite und 5 m Höhe. Die Ecken können jedoch durch maximal 1,50 m lange Umrandungselemente verdeckt sein. Für Rollstuhl-Veranstaltungen kann der Spielraum verkleinert werden, darf jedoch nicht weniger als 8 m lang und 6 m breit sein. Für Senioren-Veranstaltungen kann der Spielraum ebenfalls verkleinert werden, darf jedoch nicht weniger als 10 m lang und 5 m breit sein.

2.3.2 Die folgenden Materialien und Gegenstände gelten als Bestandteil des Spielraums (der Box): der Tisch einschließlich der Netzgarnitur, gedruckte Tischnummern, der Boden, Schiedsrichtertische und -stühle, Zählgeräte, Handtuch- und Ballbehälter, Umrandungen, Schilder mit den Namen der Spieler oder Verbände auf den Umrandungen.

2.3.3 Der Spielraum (die Box) muss von einer etwa 75 cm hohen Umrandung umgeben sein, die ihn von den benachbarten Boxen und den Zuschauern abgrenzt. Alle Umrandungsteile müssen dieselbe dunkle Hintergrundfarbe haben.

2.3.4 Bei Welt-, Olympischen und Paralympischen Titelwettbewerben muss die Beleuchtungsstärke, gemessen in Höhe der Spielfläche, über der gesamten Spielfläche mindestens 1.000 Lux und im restlichen Spielraum (der Box) mindestens 500 Lux betragen. Bei anderen Veranstaltungen muss die Beleuchtungsstärke mindestens 600 bzw. 400 Lux betragen.

2.3.5 Stehen in einer Halle mehrere Tische, muss die Beleuchtungsstärke für alle gleich sein. Die Hintergrundbeleuchtung in der Halle darf nicht stärker sein als die schwächste Beleuchtungsstärke in den Spielfeldern (den Boxen).

2.3.6 Kein Beleuchtungskörper darf niedriger als 5 m über dem Fußboden angebracht sein.

2.3.7 Der Hintergrund muss im Allgemeinen dunkel sein. Im Hintergrund sind helle Beleuchtung und durch nicht abgedunkelte Fenster oder andere Öffnungen hereinfallendes Tageslicht unzulässig.

2.3.8 Der Boden darf weder hellfarbig noch glänzend-reflektierend oder glatt sein, und er muss elastisch sein. Rollstuhl-Veranstaltungen können auf einem harten Boden durchgeführt werden.

2.3.8.1 Bei Welt-, Olympischen und Paralympischen Titelwettbewerben muss der Fußboden aus Holz oder rollbarem

Kunststoff bestehen, dessen Marke und Typ von der ITTF genehmigt wurden.

2.3.9 Technische Vorrichtungen an der Netzgarnitur gelten als Teil der Netzgarnitur.

2.4 Schlägertests

2.4.1 Es liegt in der Verantwortlichkeit jedes Spielers zu gewährleisten, dass Schlägerbeläge mit Klebstoffen auf dem Schlägerblatt befestigt werden, die keine schädlichen flüchtigen Lösungsmittel enthalten.

2.4.2 Bei allen ITTF-Welttitel- sowie Olympischen und Paralympischen Wettbewerben wie auch bei einer ausgewählten Zahl von Veranstaltungen der ITTF Pro Tour und des Jugend-Circuit müssen Schläger-Testzentren eingerichtet werden; bei kontinentalen und regionalen Veranstaltungen können sie eingerichtet werden.

2.4.2.1 Das Schläger-Testzentrum testet – nach den auf Empfehlung des Material- sowie des SR- und OSR-Komitees vom Exekutivkomitee festgelegten Richtlinien und Verfahrensweisen – Schläger, um sicherzustellen, dass die Schläger allen ITTF-Bestimmungen entsprechen. Dazu gehören u. a. (Aufstellung ist nicht erschöpfend) Dicke und Ebenheit der Schlägerbeläge sowie etwaiges Vorhandensein gesundheitsschädlicher flüchtiger Substanzen.

2.4.2.2 Der Schlägertest wird nur dann nach dem Spiel durchgeführt, wenn der Spieler den Schläger nicht zum Test vor dem Spiel vorgelegt hat.

2.4.2.3 Schläger, die vor dem Spiel positiv getestet werden, können nicht verwendet werden, dürfen jedoch durch einen zweiten Schläger ersetzt werden, der (sofern es die Zeit erlaubt) sofort, ansonsten nach dem Spiel getestet wird. Für den Fall, dass Schläger nach dem Spiel positiv getestet werden, kann der betreffende Spieler bestraft werden.

2.4.2.4 Alle Spieler haben das Recht, ihre Schläger freiwillig und ohne Straffolge vor dem Spiel testen zu lassen.

2.4.3 Hat ein Spieler in einem Zeitraum von vier Jahren zum 4. Mal einen Schlägertest in beliebiger Hinsicht nicht bestanden, kann er die Veranstaltung zwar zu Ende spielen. Anschließend wird er jedoch vom Exekutivkomitee für 12 Monate gesperrt.

2.4.3.1 Die ITTF muss den betreffenden Spieler schriftlich über seine Sperre informieren.

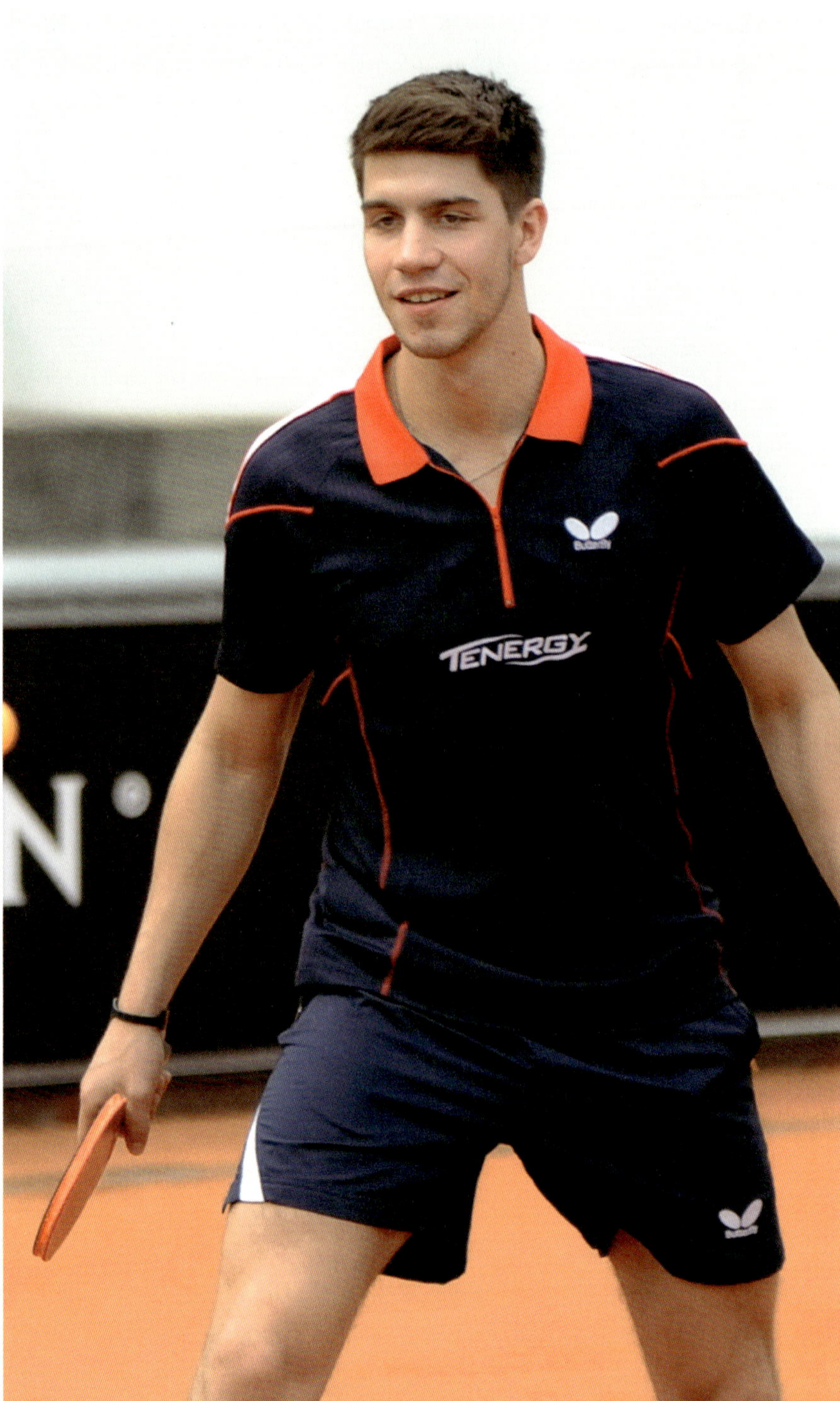
TENERGY

2.4.3.2 Der gesperrte Spieler kann innerhalb von 21 Tagen nach Erhalt der schriftlichen Sperrverfügung Einspruch beim CAS (Court of Arbitration for Sport / Internationaler Sportgerichtshof) einlegen. Dieser Einspruch hat jedoch keine aufschiebende Wirkung, d. h. die Sperre bleibt in Kraft.

2.4.4 Mit Wirkung vom 01. September 2010 führt die ITTF ein Verzeichnis aller positiven Schläger-Kontrolltests.

2.4.5 Zur Befestigung der Schlägerbeläge auf dem Schläger muss ein ordentlich belüfteter Raum bzw. Bereich zur Verfügung gestellt werden, und Flüssigkleber dürfen nirgendwo sonst in der Austragungsstätte verwendet werden.

Die Austragungsstätte umfasst das Gebäude, in dem die Veranstaltung stattfindet, sowie dazugehörige Bereiche und Einrichtungen.

2.5 Werbung und Beschriftungen

2.5.1 Innerhalb des Spielraums (der Box) darf Werbung nur auf dem in 2.3.2 aufgeführten Spielmaterial oder Zubehör oder auf Spiel- oder Schiedsrichterkleidung oder auf Rückennummern angebracht sein. Besondere, zusätzliche Werbung ist nicht zulässig.

2.5.1.1 Werbung oder Beschriftungen innerhalb des Spielraums (der Box) oder in seiner unmittelbaren Nähe, auf Spielkleidung, Rückennummern und auf Schiedsrichterkleidung dürfen sich weder auf Tabakwaren, alkoholische Getränke, gesundheitsschädigende Drogen oder illegale Substanzen noch im negativen Sinne auf Rasse, Staatsangehörigkeit, Geschlecht, Religion, Behinderungen oder anderes beziehen. Für Veranstaltungen, die nicht explizit für Teilnehmer unter 18 Jahren ausgeschrieben sind, kann die ITTF Werbung oder Beschriftungen für nicht destillierte alkoholische Getränke auf Ausrüstungen und Ausstattungen innerhalb des Spielraums oder in seiner unmittelbaren Nähe zulassen, sofern dies den geltenden gesetzlichen Vorschriften des Spielortes entspricht.

2.5.2 Bei Olympischen und Paralympischen Spielen muss die Werbung auf Spielmaterial, Spiel- und Schiedsrichterkleidung den Bestimmungen des IOC bzw. des IPC entsprechen.

2.5.3 Mit der Ausnahme von durch LED und ähnlichen Techniken erzeugter Werbung auf den Umrandungen des Spielraums dürfen nirgendwo im Spielraum (der Box) fluoreszierende oder leuchtende oder glänzende Farben verwendet werden. Die Hintergrundfarbe der Umrandungen muss dunkel bleiben.

2.5.3.1 Werbung auf den Umrandungen darf sich während eines Spiels nicht von dunkel zu hell oder umgekehrt verändern.

2.5.3.2 LED-Anzeigen und ähnliche Vorrichtungen an Umrandungen dürfen nicht so hell sein, dass sie die Spieler während des Spiels stören könnten und dürfen nicht wechseln, solange der Ball im Spiel ist.

2.5.3.3 Werbung auf LED-Anzeigen oder ähnlichen Vorrichtungen darf nicht ohne ITTF-Genehmigung verwendet werden.

2.5.4 Buchstaben oder Symbole auf der Innenseite der Umrandungen müssen sich eindeutig von der Farbe des verwendeten Balles unterscheiden, dürfen nicht mehr als zwei Farben aufweisen und müssen in einer Gesamthöhe von 40 cm enthalten sein.

2.5.5 Der Fußboden des Spielraums (der Box) darf bis zu sechs Werbeflächen aufweisen; diese Flächen

2.5.5.1 dürfen sich zwei auf jeder Schmalseite in einer Fläche von je 5 qm und eine auf jeder Längsseite in einer Fläche von je 2,5 qm befinden;

2.5.5.2 dürfen an der Schmalseite nicht weniger als 3 m von der jeweils näheren Grundlinie des Tisches entfernt sein;

2.5.5.3 müssen eine einheitliche Farbe aufweisen, die sich von der Farbe des verwendeten Balls unterscheiden muss, sofern nicht im Vorfeld andere Farben mit der ITTF vereinbart wurden;

2.5.5.4 dürfen die Rutschfestigkeit des Bodens nicht in nennenswerter Weise verändern;

2.5.5.5 dürfen nur aus einem Logo, Schriftzug oder anderen Bildzeichen bestehen und keinerlei Hintergrund beinhalten.

2.5.6 Werbung am Tisch muss die folgenden Bedingungen erfüllen:

2.5.6.1 Zulässig ist je eine dauerhaft angebrachte Werbefläche mit Namen oder Logo des Herstellers oder Ausrüsters an den Seiten der jeweiligen Tischhälfte sowie den Schmalseiten des Tisches.

2.5.6.2 Zulässig ist je eine vorübergehend angebrachte Werbefläche, die ebenfalls den Namen oder das Logo des Herstellers oder Ausrüsters beinhalten kann, an den Seiten der jeweiligen Tischhälften sowie an den Schmalseiten des Tisches.

2.5.6.3 Jede dauerhafte oder vorübergehend angebrachte Werbefläche darf eine Gesamtlänge von 60 cm nicht überschreiten.

2.5.6.4 Vorübergehend angebrachte Werbung muss von dauerhaft angebrachter Werbung deutlich getrennt sein.

2.5.6.5 Es darf nicht für andere Tischausrüster geworben werden.

2.5.6.6 Das Untergestell darf weder Werbung noch die Bezeichnung des Tisches, den Namen oder das Logo des Herstellers oder des Ausrüsters aufweisen, es sei denn, der Hersteller oder Ausrüster ist der Titelsponsor des Turniers.

2.5.7 Auf Netzen dürfen auf jeder Seite des Tisches zwei Werbeflächen angebracht sein, die sich klar von der Farbe des verwendeten Balls unterscheiden und einen Mindestabstand von 3 cm zum Streifen entlang der oberen Netzkante aufweisen müssen. Werbung in Form eines Logos, einer Wortmarke oder anderer Symbole innerhalb der vertikalen Verlängerung der Seitenlinien muss in einer einzigen dunklen Farbe gehalten sein.

2.5.8 Werbung auf Schiedsrichtertischen oder anderen Gegenständen innerhalb des Spielraums (der Box) darf eine Gesamtgröße von 750 cm^2 je Fläche nicht überschreiten.

2.5.9 Werbung auf der Spielkleidung ist beschränkt auf

2.5.9.1 normales Warenzeichen, Symbol oder Name des Herstellers in einer Gesamtfläche von 24 cm^2;

2.5.9.2 bis zu sechs klar voneinander getrennte Werbeflächen vorn, auf der Seite oder Schulter des Trikots – jedoch höchstens vier auf der Vorderseite – mit einer Gesamtfläche von 600 cm^2;

2.5.9.3 bis zu zwei Werbeflächen von insgesamt 400 cm^2 auf der Rückseite des Trikots;

2.5.9.4 bis zu zwei Werbeflächen von insgesamt 120 cm^2, jedoch nur vorn oder an den Seiten von Shorts oder Röckchen.

2.5.10 Werbung auf Rückennummern ist auf eine Gesamtfläche von 100 cm^2 beschränkt. Werden keine Rückennummern getragen, kann zusätzliche Werbung für Turniersponsoren auf einer Gesamtfläche von 100 cm^2 angebracht werden.

2.5.11 Werbung auf der Schiedsrichterkleidung ist auf eine Gesamtfläche von 40 cm^2 beschränkt.

2.6 Doping-Kontrolle

2.6.1 Alle an internationalen Wettbewerben – einschließlich Jugendveranstaltungen – teilnehmenden Spieler unterliegen den während einer Veranstaltung durchgeführten Tests durch die ITTF, den Nationalverband und irgendwelche anderen Antidoping-Organisationen, die für Veranstaltungen, an denen diese Spieler teilnehmen, verantwortlich sind.

3 ZUSTÄNDIGKEIT VON OFFIZIELLEN

3.1 Oberschiedsrichter

3.1.1 Für jede Veranstaltung ist ein verantwortlicher Oberschiedsrichter einzusetzen, dessen Name und Aufenthaltsort den Teilnehmern und ggf. den Mannschaftskapitänen bekannt zu geben sind.

3.1.2 Der Oberschiedsrichter ist verantwortlich für:

3.1.2.1 die Durchführung der Auslosung;

3.1.2.2 die Aufstellung des Zeitplans;

3.1.2.3 den Einsatz von Schiedsrichtern und Schiedsrichter-Assistenten;

3.1.2.4 die Einweisung der Schiedsrichter und Schiedsrichter-Assistenten vor Beginn des Turniers;

3.1.2.5 das Überprüfen der Spielberechtigung von Spielern;

3.1.2.6 die Entscheidung über eine Spielunterbrechung bei Notfällen;

3.1.2.7 die Entscheidung, ob Spieler den Spielraum (die Box) während des Spiels verlassen dürfen;

3.1.2.8 die Entscheidung, ob die festgelegten Einspielzeiten verlängert werden dürfen;

3.1.2.9 die Entscheidung, ob während des Spiels Trainingsanzüge getragen werden dürfen;

3.1.2.10 die Entscheidung in allen Fragen der Auslegung von Regeln und Bestimmungen, einschließlich der Zulässigkeit von Spielkleidung, Spielmaterial und Spielbedingungen;

3.1.2.11 die Entscheidung, ob und wo die Spieler während einer Unterbrechung wegen eines Notfalls trainieren dürfen;

3.1.2.12 das Ergreifen von Disziplinarmaßnahmen bei Fehlverhalten oder anderen Verstößen gegen Bestimmungen.

3.1.3 Falls, mit Zustimmung der Turnierleitung, Aufgaben des Oberschiedsrichters auf andere Personen delegiert werden, so müssen deren genauer Verantwortungsbereich und Aufenthaltsort den Teilnehmern und ggf. den Kapitänen bekannt gegeben werden.

3.1.4 Der Oberschiedsrichter – oder ein verantwortlicher Stellvertreter, der ihn während seiner Abwesenheit vertritt – muss während der ganzen Veranstaltung jederzeit anwesend sein.

3.1.5 Wenn der Oberschiedsrichter es für erforderlich hält, kann er einen Schiedsrichter, Schiedsrichter-Assistenten oder Schlagzähler jederzeit austauschen. Eine zuvor von dem Abgelösten innerhalb seiner Zuständigkeit getroffene Tatsachenentscheidung bleibt davon jedoch unberührt.

3.1.6 In der Zeit zwischen Betreten und Verlassen der Spielhalle fallen die Spieler unter die Zuständigkeit des Oberschiedsrichters.

3.2 Schiedsrichter, Schiedsrichter-Assistent und Schlagzähler

3.2.1 Für jedes Spiel müssen ein Schiedsrichter und ein Schiedsrichter-Assistent eingesetzt werden.

3.2.2 Der Schiedsrichter sitzt oder steht in Höhe des Netzes, und der Schiedsrichter-Assistent sitzt ihm direkt gegenüber auf der anderen Seite des Tisches.

3.2.3 Der Schiedsrichter ist verantwortlich dafür,

3.2.3.1 Spielmaterial und Spielbedingungen zu überprüfen und den Oberschiedsrichter über etwaige Mängel zu informieren;

3.2.3.2 aufs Geratewohl einen Ball auszuwählen (siehe 4.2.1.1–2);

3.2.3.3 Auf-, Rückschlag oder Seite wählen zu lassen;

3.2.3.4 zu entscheiden, ob bei einem körperbehinderten Spieler die Bestimmungen der Aufschlagregel gelockert werden können;

3.2.3.5 die Aufschlag-, Rückschlag- und Seitenreihenfolge zu überwachen und etwaige Irrtümer zu berichtigen;

3.2.3.6 jeden Ballwechsel entweder als Punkt oder Let (Wiederholung) zu entscheiden;

3.2.3.7 nach dem festgelegten Verfahren den Spielstand anzusagen;

3.2.3.8 zur gegebenen Zeit die Wechselmethode einzuführen;

3.2.3.9 für ununterbrochenes Spiel zu sorgen;

3.2.3.10 bei Verstößen gegen die Bestimmungen über Beratung und Verhalten einzuschreiten;

3.2.3.11 durch Los zu ermitteln, welcher Spieler, welches Paar oder welche Mannschaft das Trikot wechseln muss, wenn die Gegner ähnliche Trikots tragen und sich nicht einigen können, wer seins wechselt;

3.2.3.12 dass nur berechtigte Personen am Spielraum (der Box) sind.

3.2.4 Der Schiedsrichter-Assistent

3.2.4.1 entscheidet darüber, ob der Ball im Spiel die Kante der Spielfläche an der ihm zugewandten Seite des Tisches berührt hat oder nicht;

3.2.4.2 informiert den Schiedsrichter über Verstöße gegen die Bestimmungen über Beratung und Verhalten.

3.2.5 Entweder der Schiedsrichter oder der Schiedsrichter-Assistent dürfen

3.2.5.1 entscheiden, ob der Aufschlag eines Spielers falsch ist;

3.2.5.2 entscheiden, ob in einem sonst korrekten Aufschlag der Ball die Netzgarnitur berührt;

3.2.5.3 entscheiden, ob ein Spieler den Ball aufhält;

3.2.5.4 entscheiden, ob die Spielbedingungen auf eine Art gestört wurden, die das Ergebnis des Ballwechsels beeinflussen könnte;

3.2.5.5 die Dauer des Einspielens, des Spiels und der Pausen abstoppen.

3.2.6 Entweder der Schiedsrichter-Assistent oder ein zusätzlicher Offizieller kann als Schlagzähler fungieren, um bei Anwendung der Wechselmethode die Schläge des rückschlagenden Spielers oder Paares zu zählen.

3.2.7 Eine nach 3.2.5–6 vom Schiedsrichter-Assistenten getroffene Entscheidung kann vom Schiedsrichter nicht aufgehoben werden.

3.2.8 In der Zeit zwischen Betreten und Verlassen des Spielraums (der Box) fallen die Spieler unter die Zuständigkeit des Schiedsrichters.

3.3 Proteste

3.3.1 Keine Vereinbarung zwischen Spielern in einem Individualwettbewerb oder zwischen Kapitänen in einem Mannschaftswettbewerb kann eine Tatsachenentscheidung des verantwortlichen Schiedsrichters bzw. Schiedsrichter-Assistenten, eine Entscheidung in Fragen der Regeln oder Bestimmungen des verantwortlichen Oberschiedsrichters oder eine Entscheidung der verantwortlichen Turnierleitung in irgendeiner anderen Frage der Turnier- oder Spielabwicklung ändern.

3.3.2 Gegen eine Tatsachenentscheidung des verantwortlichen Schiedsrichters oder Schiedsrichter-Assistenten kann kein Protest beim Oberschiedsrichter und gegen eine Entscheidung des Oberschiedsrichters in Fragen der Auslegung von Regeln oder Bestimmungen kann kein Protest bei der verantwortlichen Turnierleitung eingelegt werden.

3.3.3 Gegen die Entscheidung eines Schiedsrichters oder Schiedsrichter-Assistenten in Fragen der Auslegung von Regeln oder Bestimmungen kann beim Oberschiedsrichter Protest eingelegt werden. Die Entscheidung des Oberschiedsrichters ist endgültig.

3.3.4 Gegen eine Entscheidung des Oberschiedsrichters in Fragen der Turnier- oder Spielabwicklung, die in den Regeln oder Bestimmungen nicht fest umrissen sind, kann Protest bei der Turnierleitung eingelegt werden. Deren Entscheidung ist endgültig.

3.3.5 In einem Individualwettbewerb kann nur ein an dem betreffenden Spiel beteiligter Spieler, in einem Mannschaftswettbewerb nur der Kapitän einer an dem betreffenden Spiel beteiligten Mannschaft einen Protest einlegen.

3.3.5.1 Der Name des – spielenden oder nicht spielenden – Mannschaftskapitäns muss vorher dem Schiedsrichter benannt werden.

3.3.6 Eine Auslegungsfrage zu einer Regel oder Bestimmung, die sich aus der Entscheidung eines Oberschiedsrichters, oder eine Frage zur Turnier- oder Spielabwicklung, die sich aus der Entscheidung einer Turnierleitung ergibt, kann von dem protestberechtigten Spieler oder Kapitän über seinen zuständigen Nationalverband dem Regelkomitee der ITTF vorgelegt werden.

3.3.7 Das Regelkomitee trifft dann eine Entscheidung als Richtlinie für künftige Fälle. Diese Entscheidung kann auch zum Gegenstand eines Protestes gemacht werden, den ein Nationalverband beim BOD oder bei einer Generalversammlung einlegt. In keinem Fall wird dadurch jedoch die Endgültigkeit der Entscheidung des verantwortlichen Oberschiedsrichters oder der Turnierleitung für den vergangenen Fall berührt.

4 SPIELABWICKLUNG

4.1 Spielstandansage und -anzeige

4.1.1 Unmittelbar, nachdem der Ball aus dem Spiel ist und ein Ballwechsel beendet wurde, oder so bald wie möglich danach gibt der Schiedsrichter den Spielstand bekannt.

4.1.1.1 Bei der Spielstandansage während eines Satzes nennt der Schiedsrichter zuerst die erzielten Punkte des im nächsten Ballwechsel dieses Satzes aufschlagenden Spielers oder Paares, danach die des gegnerischen Spielers oder Paares.

4.1.1.2 Zu Beginn eines Satzes und vor jedem Aufschlagwechsel deutet der Schiedsrichter auf den nächsten Aufschläger und kann zusätzlich zur Spielstandansage auch den Namen des nächsten Aufschlägers nennen.

4.1.1.3 Bei Satzende nennt der Schiedsrichter die erzielten Punkte des Satzgewinners, dann die des Gegners. Anschließend kann er den (die) Namen des siegreichen Spielers oder Paars nennen.

4.1.2 Der Schiedsrichter kann, zusätzlich zur Spielstandansage, seine Entscheidungen durch Handzeichen unterstreichen.

4.1.2.1 Wenn ein Punkt erzielt wurde, kann er seinen dem betreffenden Spieler oder Paar zugewandten Arm so heben, dass der Oberarm waagerecht und der Unterarm senkrecht liegt, mit der geschlossenen Hand nach oben.

4.1.2.2 Muss ein Ballwechsel aus irgendeinem Grund wiederholt werden, kann der Schiedsrichter die Hand über den Kopf heben, um anzuzeigen, dass der Ballwechsel beendet ist.

4.1.3 Der Spielstand und bei der Wechselmethode die Zahl der Schläge werden in Englisch oder einer beliebigen anderen Sprache angesagt, die für beide Spieler (Paare) und den Schiedsrichter akzeptabel ist.

4.1.4 Der Spielstand muss auf mechanischen oder elektronischen Zählgeräten angezeigt werden, die für die Spieler und für die Zuschauer klar zu erkennen sind.

4.1.5 Wird ein Spieler wegen Fehlverhaltens förmlich verwarnt, wird, neben seinen Spielstand, eine gelbe Karte an das Zählgerät oder in dessen Nähe gelegt.

4.2 Spielgerät

4.2.1 Die Spieler dürfen die Bälle nicht im Spielraum (der Box) auswählen.

4.2.1.1 Wenn möglich, sollte ihnen Gelegenheit gegeben werden, einen Ball oder mehrere Bälle auszusuchen, bevor sie in den Spielraum (die Box) kommen. Für das Spiel muss der von den Spielern ausgewählte Ball verwendet werden.

4.2.1.2 Wurde kein Ball ausgewählt, bevor die Spieler in den Spielraum (die Box) kommen, oder können sich die Spieler nicht einigen, mit welchem Ball gespielt werden soll, muss mit einem Ball gespielt werden, den der Schiedsrichter wahllos aus einer Schachtel mit den für diese Veranstaltung vorgeschriebenen Bällen nimmt.

4.2.1.3 Wird während des Spiels der Ball beschädigt, muss er durch einen anderen der vor dem Spiel ausgesuchten Bälle ersetzt werden. Ist kein solcher Ball verfügbar, wird mit einem Ball weitergespielt, den der Schiedsrichter wahllos aus einer Schachtel mit den für diese Veranstaltung vorgesehenen Bällen nimmt.

4.2.2 Das Belagmaterial muss so verwendet werden, wie es von der ITTF genehmigt wurde, d. h. ohne irgendeine physikalische, chemische oder andere Behandlung, welche die Spieleigenschaften, Reibung, Aussehen, Farbe, Struktur, Oberfläche usw. verändert. Insbesondere dürfen keine Zusätze verwendet werden.

4.2.3 Ein Schläger muss alle Parameter der Schläger-Kontrolltests erfolgreich durchlaufen.

4.2.4 Während eines Einzels oder Doppels darf ein Schläger nur dann gewechselt werden, wenn er unabsichtlich so schwer beschädigt wird, dass er nicht mehr benutzt werden kann. In einem solchen Fall muss der Spieler ihn unverzüglich durch einen anderen ersetzen, den er mitgebracht hat oder der ihm in den Spielraum (die Box) gereicht wird.

4.2.5 In den Pausen während eines Spiels lassen die Spieler ihren Schläger auf dem Tisch liegen, sofern ihnen nicht der Schiedsrichter etwas anderes erlaubt. In allen Fällen, wo der Schläger an der Hand festgebunden ist, muss der Schiedsrichter dem Spieler erlauben, den Schläger auch während der Pausen an der Hand festgebunden zu lassen.

4.3 Einspielen

4.3.1 Die Spieler haben das Recht, sich unmittelbar vor Spielbeginn, jedoch nicht in den normalen Pausen, an dem Tisch, der bei ihrem Spiel verwendet wird, bis zu zwei Minuten lang einzuspielen. Die angegebene Einspielzeit kann nur mit Genehmigung des Oberschiedsrichters verlängert werden.

4.3.2 Bei einer Spielunterbrechung wegen eines Notfalls kann der Oberschiedsrichter den Spielern nach seinem Ermessen erlauben, an einem beliebigen Tisch zu trainieren, auch an dem des betreffenden Spiels.

4.3.3 Den Spielern ist ausreichend Gelegenheit zu geben, das zu verwendende Spielmaterial zu prüfen und sich damit vertraut zu machen. Das gibt ihnen jedoch nicht automatisch das Recht, sich mehr als ein paar Ballwechsel lang einzuschlagen, nachdem ein beschädigter Ball oder Schläger ersetzt wurde.

4.4 Pausen und Unterbrechungen

4.4.1 Grundsätzlich wird ein Individualspiel (d. h. Einzel oder Doppel) ohne Unterbrechungen geführt. Jedoch hat jeder Spieler das Recht auf

4.4.1.1 eine Pause von höchstens 1 Minute zwischen aufeinander folgenden Sätzen eines Individualspiels;

4.4.1.2 kurze Unterbrechungen zum Abtrocknen nach jeweils 6 Punkten vom Beginn jedes Satzes an sowie beim Seitenwechsel im Entscheidungssatz eines Individualspiels.

4.4.2 Ein Spieler oder Paar kann ein Time-out (Auszeit) von bis zu 1 Minute während eines Individualspiels verlangen.

4.4.2.1 In einem Individualwettbewerb können der Spieler, das Paar oder der benannte Berater den Wunsch nach einem Time-out äußern, in einem Mannschaftswettbewerb der Spieler, das Paar oder der Mannschaftskapitän.

4.4.2.2 Wenn ein Spieler oder Paar und ein Berater oder Kapitän sich nicht einig sind, ob ein Time-out genommen werden soll, liegt die endgültige Entscheidung in einer Individualkonkurrenz beim Spieler oder Paar, in einer Mannschaftskonkurrenz beim Kapitän.

4.4.2.3 Time-out kann nur zwischen zwei Ballwechseln in einem Satz verlangt werden; die Absicht wird durch ein "T"-Zeichen mit den Händen angezeigt.

4.4.2.4 Bei einem berechtigten Wunsch auf Time-out unterbricht der Schiedsrichter das Spiel und hält mit der Hand auf der Seite des Spielers (Paars), der (das) Time-out verlangt hatte, eine weiße Karte hoch. Die weiße Karte oder eine andere geeignete Markierung wird auf das Spielfeld des betreffenden Spielers (Paars) gelegt.

4.4.2.5 Sobald der Spieler (das Paar), der (das) Time-out verlangte, bereit ist weiterzuspielen, spätestens jedoch nach Ablauf einer Minute, wird die Karte bzw. Markierung entfernt und das Spiel wieder aufgenommen.

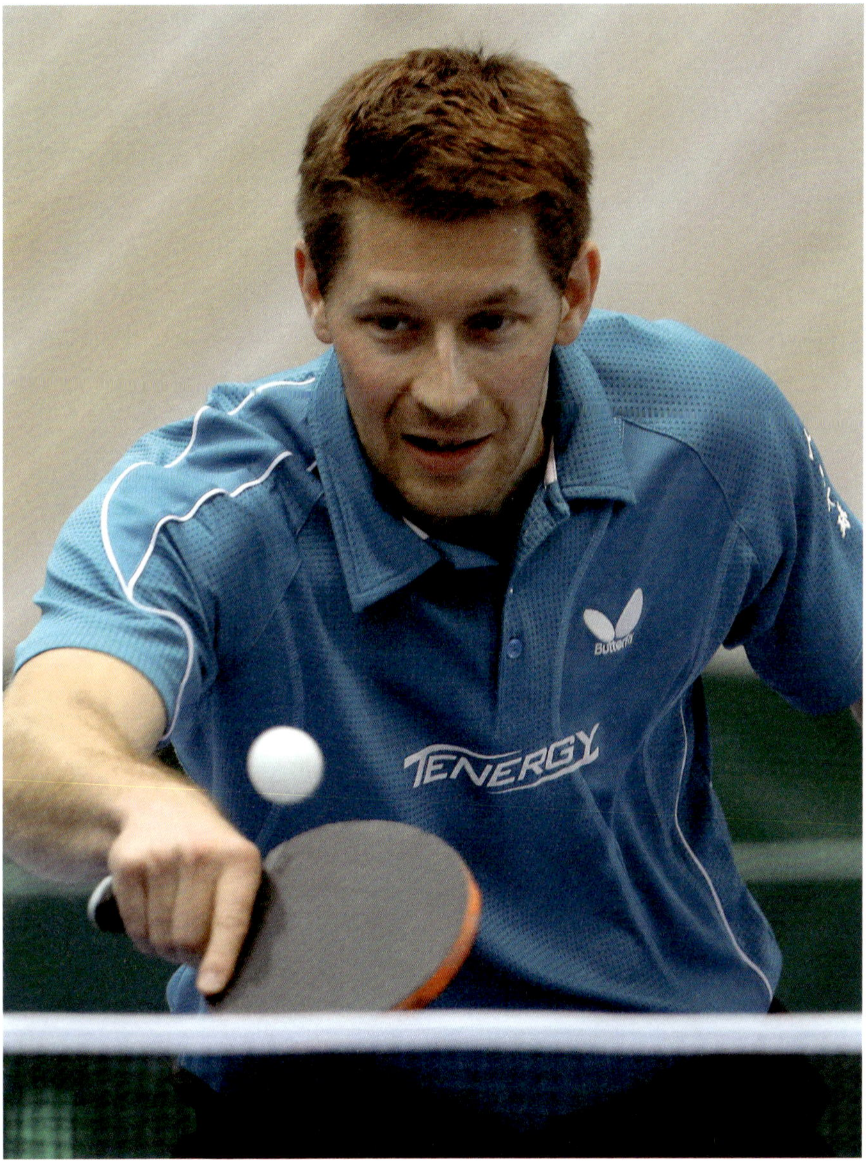
TENERGY
Butterfly

4.4.2.6 Wird ein berechtigter Wunsch auf Time-out gleichzeitig von beiden Spielern/Paaren oder in ihrem Interesse geäußert, wird das Spiel wieder aufgenommen, wenn beide Spieler oder Paare spielbereit sind, spätestens jedoch nach Ablauf von 1 Minute. Im weiteren Verlauf dieses einzelnen Spiels hat dann keiner der Spieler (keines der Paare) Anspruch auf ein weiteres Time-out.

4.4.3 Zwischen aufeinander folgenden Individualspielen eines Mannschaftskampfes dürfen keine Pausen eingelegt werden. Ausnahme: Ein Spieler, der in aufeinander folgenden Spielen antreten muss, kann zwischen solchen Spielen eine Pause von höchstens 5 Minuten verlangen.

4.4.4 Der Oberschiedsrichter kann eine Spielunterbrechung von so kurzer Dauer wie möglich, jedoch keinesfalls mehr als zehn Minuten, gewähren, falls ein Spieler durch einen Unfall vorübergehend behindert ist. Voraussetzung dafür ist, dass die Unterbrechung nach Ansicht des Oberschiedsrichters den gegnerischen Spieler oder das gegnerische Paar nicht übermäßig benachteiligt.

4.4.5 Eine Spielunterbrechung darf nicht bei einer Spielunfähigkeit gewährt werden, die schon zu Beginn des Spiels bestand oder vernünftigerweise von da an erwartet werden musste oder wenn sie auf die normalen Anstrengungen des Spiels zurückzuführen ist. Spielunfähigkeit durch Krampf oder Erschöpfung, hervorgerufen durch den gegenwärtigen Gesundheitszustand des Spielers oder durch die Spielweise, rechtfertigt eine solche Unterbrechung nicht, die nur bei Spielunfähigkeit infolge Unfalls, zum Beispiel Verletzung durch einen Sturz, gewährt werden darf.

4.4.6 Wenn jemand im Spielraum (der Box) blutet, muss das Spiel sofort unterbrochen und darf erst wieder aufgenommen werden, wenn diese Person behandelt wurde und alle Blutspuren aus dem Spielraum (der Box) entfernt wurden.

4.4.7 Die Spieler müssen während des ganzen (Einzel- oder Doppel-)Spiels im Spielraum (der Box) oder in dessen Nähe bleiben; Ausnahmen bedürfen der Zustimmung des Oberschiedsrichters. Während der Pausen zwischen den Sätzen und während Time-outs dürfen sich die Spieler nicht mehr als drei Meter vom Spielraum (der Box) entfernt unter Aufsicht des Schiedsrichters aufhalten.

5 DISZIPLIN

5.1 Beratung

5.1.1 In einem Mannschaftswettbewerb dürfen sich die Spieler von beliebigen Personen beraten lassen, die am Spielraum (der Box) zugelassen sind.

5.1.2 Im Spiel eines Individualwettbewerbs darf sich ein Spieler oder Paar jedoch nur von einer einzigen, dem Schiedsrichter vor dem Spiel benannten Person beraten lassen. Gehören die Spieler eines Doppels verschiedenen Verbänden an, kann jedoch jeder von ihnen einen Berater benennen, die aber in Bezug auf 5.1 und 5.2 als Einheit behandelt werden. Falls ein nicht dazu Berechtigter berät, zeigt ihm der Schiedsrichter eine rote Karte und verweist ihn vom Spielraum (der Box).

5.1.3 Die Spieler dürfen jederzeit, außer während Ballwechsel beraten werden, sofern dadurch das Spiel nicht verzögert wird (vgl. Regel B 4.4.1). Falls eine berechtigte Person Spieler unerlaubt berät, zeigt der Schiedsrichter eine gelbe Karte, um ihn oder sie zu warnen, dass ein weiterer Verstoß dieser Art zu einem Verweis vom Spielraum (der Box) führt.

5.1.4 Wenn nach einer Verwarnung im selben Mannschaftskampf oder im selben Spiel eines Individualwettbewerbs jemand unzulässigerweise berät, zeigt ihm der Schiedsrichter eine rote Karte und verweist ihn vom Spielraum (der Box), und zwar unabhängig davon, ob es sich bei ihm um den zuvor Verwarnten handelt oder nicht.

5.1.5 In einem Mannschaftskampf darf der fortgeschickte Berater nur dann vor Ende dieses Mannschaftskampfes zurückkommen, wenn er selbst spielen muss, und er kann nicht durch einen anderen Berater ersetzt werden. In einem Individualwettbewerb darf er vor Ende des betreffenden Spiels nicht zurückkommen.

5.1.6 Weigert sich der fortgeschickte Berater, der Aufforderung nachzukommen oder kommt er vor Ende des Spiels zurück, so unterbricht der Schiedsrichter das Spiel und berichtet unverzüglich dem Oberschiedsrichter darüber.

5.1.7 Diese Bestimmungen beziehen sich lediglich auf Ratschläge zum Spiel. Sie sollen einen Spieler bzw. Kapitän nicht daran hindern, einen berechtigten Protest einzulegen; ebenso wenig soll dadurch die Beratung zwischen einem Spieler und dem Vertreter seines Nationalverbandes oder einem Dolmetscher verhindert werden, die der Erklärung einer Entscheidung dienen soll.

5.2 Fehlverhalten

5.2.1 Spieler und Betreuer oder andere Berater sollen alle Unsitten und Verhaltensformen unterlassen, die den Gegner in unfairer Weise beeinflussen, die Zuschauer beleidigen oder den Tischtennissport in Misskredit bringen könnten. Dazu gehören u. a.: den Ball absichtlich zerbrechen oder über die Umrandung hinweg schlagen, gegen Tisch oder Umrandung treten sowie ausfallende Ausdrucksweise und grob unhöfliches Verhalten gegenüber Schiedsrichtern oder Schiedsrichter-Assistenten u. ä.

5.2.2 Falls ein Spieler, Betreuer oder anderer Berater zu irgendeiner Zeit einen schwerwiegenden Verstoß begeht, unterbricht der Schiedsrichter das Spiel und unterrichtet unverzüglich den Oberschiedsrichter. Bei weniger schweren Verstößen kann der Schiedsrichter beim 1. Mal die gelbe Karte zeigen und den betreffenden Spieler warnen, dass jeder folgende Verstoß Bestrafungen nach sich ziehen könne.

5.2.3 Begeht ein Spieler, der verwarnt wurde, im selben Einzel- oder Doppelspiel oder im selben Mannschaftskampf einen zweiten Verstoß, spricht der Schiedsrichter seinem Gegner einen Punkt und bei einem weiteren Verstoß zwei Punkte zu. Dabei zeigt er jedes Mal eine gelbe und eine rote Karte zusammen (Ausnahme: 5.2.2 und 5.2.5).

5.2.4 Setzt ein Spieler, gegen den bereits drei Strafpunkte verhängt wurden, sein Fehlverhalten fort, unterbricht der Schiedsrichter das Spiel und berichtet unverzüglich dem Oberschiedsrichter.

5.2.5 Falls ein Spieler während eines Einzels oder Doppels seinen Schläger wechselt, wenn dieser nicht beschädigt wurde, unterbricht der Schiedsrichter das Spiel und verständigt den Oberschiedsrichter.

5.2.6 Die gegen einen der beiden Spieler eines Doppels verhängte Verwarnung oder Strafe gilt für das Paar, jedoch nicht für den „unschuldigen" Spieler in einem folgenden Einzel im selben Mannschaftskampf; zu Beginn eines Doppels wird die jeweils höhere Verwarnung oder Strafe zugrunde gelegt, die gegen einen der beiden Spieler ausgesprochen wurde.

5.2.7 Begeht ein Betreuer oder anderer Berater, der verwarnt wurde, im selben Einzel- oder Doppelspiel oder im selben Mannschaftskampf einen weiteren Verstoß, zeigt der Schiedsrichter eine rote Karte und verweist ihn vom Spiel-

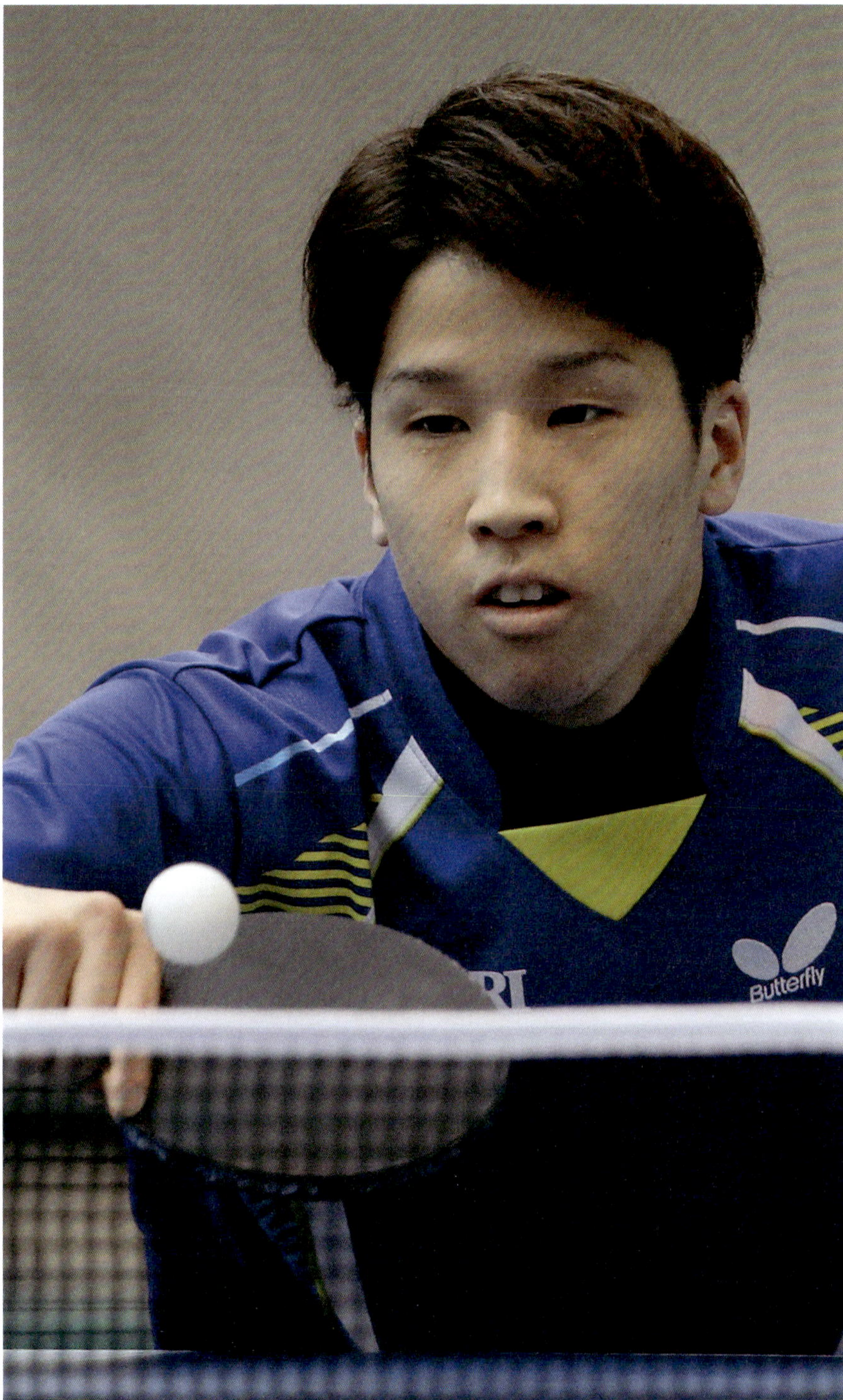
Butterfly

raum (der Box) bis zum Ende des Mannschaftskampfes oder, in einem Individualwettbewerb, des betreffenden Spiels (Ausnahme: 5.2.2).

5.2.8 Der Oberschiedsrichter ist berechtigt, einen Spieler wegen grob unfairen oder beleidigenden Verhaltens zu disqualifizieren, wobei es unerheblich ist, ob diese Angelegenheit vom Schiedsrichter vorgetragen wurde oder nicht. Eine solche Disqualifikation kann für das einzelne Spiel, einen Wettbewerb oder die gesamte Veranstaltung ausgesprochen werden. Wenn der Oberschiedsrichter einen Spieler disqualifiziert, zeigt er eine rote Karte. Bei leichteren Vergehen, die eine Disqualifikation nicht rechtfertigen, hat der Oberschiedsrichter die Möglichkeit, diese an eine Disziplinarkommission zu melden (Internationale TT-Regeln B 5.2.13).

5.2.9 Wird ein Spieler für 2 Einzel- oder Doppelspiele eines Mannschafts- oder Individualwettbewerbs disqualifiziert, so ist er automatisch für diesen Mannschafts- oder Individualwettbewerb disqualifiziert.

5.2.10 Der Oberschiedsrichter kann jemanden für den Rest eines Wettbewerbs disqualifizieren, der während dieses Wettbewerbs bereits zweimal vom Spielraum (der Box) verwiesen wurde.

5.2.11 Wenn ein Spieler aus irgendeinem Grund für einen Wettbewerb oder eine Veranstaltung disqualifiziert wird, büßt er automatisch damit verbundene Titel, Medaillen, Preisgelder oder Ranglistenpunkte ein.

5.2.12 Fälle von sehr schwerwiegendem Fehlverhalten müssen dem Verband des Betreffenden gemeldet werden.

5.2.13 Eine vom Exekutiv-Komitee eingesetzte Disziplinarkomission, bestehend aus vier Mitgliedern und einem Vorsitzenden, entscheidet binnen 14 Tagen nach Beendigung einer Veranstaltung über angemessene Sanktionen für vom Oberschiedsrichter vorgetragene Vorfälle. Die Disziplinarkommission entscheidet auf der Grundlage von Weisungen, die das Exekutiv-Komitee erlässt.

5.2.14 Gegen die Entscheidung der Disziplinarkommission kann der betroffene Spieler, Berater oder Funktionär binnen 15 Tagen Einspruch beim Exekutiv-Komitee der ITTF erheben, dessen Entscheidung in der Angelegenheit endgültig ist.

5.3 Gute Präsentation / Darbietung

5.3.1 Spieler, Betreuer und Funktionäre sollen das Ziel einer guten Darbietung des Tischtennissports hochhalten, seine Integrität schützen und sollten nicht versuchen, die Elemente eines Wettbewerbs auf eine Art zu beeinflussen, die der sportlichen Ethik widerspricht.

5.3.1.1 Die Spieler müssen ihr Äußerstes geben, um ein Spiel zu gewinnen und dürfen nur wegen Krankheit oder Verletzung aufgeben.

5.3.1.2 Spieler, Betreuer und Funktionäre dürfen in keiner Form an Wetten oder Glücksspielen, die sich auf ihre eigenen Spiele und Wettbewerbe beziehen, teilnehmen oder sie unterstützen.

5.3.2 Jeder Spieler, der sich absichtlich nicht an diese Prinzipien hält, wird in Preisgeldturnieren mit völligem oder teilweisem Verlust des Preisgeldes und/ oder Sperre für ITTF-Veranstaltungen bestraft.

5.3.3 Wird einem Berater oder Funktionär Mittäterschaft nachgewiesen, wird erwartet, dass der betreffende Nationalverband auch diese Person bestraft.

5.3.4 Eine vom Exekutiv-Komitee eingesetzte Disziplinarkommission, bestehend aus vier Mitgliedern und einem Vorsitzenden, entscheidet, ob ein Verstoß begangen wurde, und über angemessene Sanktionen. Diese Kommission entscheidet auf der Grundlage von Weisungen, die das Exekutiv-Komitee erlässt.

5.3.5 Gegen die Entscheidung der Disziplinarkommission kann der betroffene Spieler, Berater oder Funktionär binnen 15 Tagen Einspruch beim Exekutiv-Komitee der ITTF erheben, dessen Entscheidung in der Angelegenheit endgültig ist.

5.3.4 Eine aus 4 Mitgliedern und einem Vorsitzenden bestehende, vom Exekutivkomitee eingesetzte Disziplinarkommission entscheidet, ob ein Verstoß begangen wurde, und – falls erforderlich – über angemessene Sanktionen. Diese Kommission entscheidet auf der Grundlage von Weisungen, die das Exekutivkomitee erlässt.

5.3.5 Der disziplinierte Spieler, Berater oder Funktionär kann innerhalb von 15 Tagen Einspruch gegen die Entscheidung der Disziplinarkommission beim Exekutivkomitee der ITTF einlegen. Dessen Entscheidung in der Angelegenheit ist endgültig.

ABSCHLUSSFRAGEBOGEN

11

11.1 ANTWORTEN

11 ABSCHLUSSFRAGEBOGEN

1. Wer sich am Anfang des ersten Satzes nach gewonnener Wahl für den Rückschlag entscheidet,

a) hat im zweiten, vierten und gegebenenfalls am Ende des sechsten und siebten Satzes am Ende (9:9, 10:8, 8:10) Aufschlag.

b) hat am Ende des ersten, dritten und gegebenenfalls am Ende des fünften bzw. siebten Satzes Rückschlag.

c) hat am Ende des ersten, dritten und gegebenenfalls am Ende des fünften bzw. siebten Satzes eigenen Aufschlag.

d) hat damit keinen Einfluss, ob er am Ende der Sätze Aufschläger oder Rückschläger ist.

2. Welche Aussage ist richtig?

Langsame und höhere Topspins werden häufiger als schnelle und flache Topspins über den Tisch hinausgeblockt,

a) weil in den langsamen und höheren Topspins in der Regel mehr Spin ist als in den schnellen und flachen Topspins.

b) weil durch den höheren Einfallswinkel auf den Tisch der Ball auch wieder höher abspringt, als dies bei den flachen Topspins der Fall ist.

3. Ist es möglich, auf einen starken Unterschnittball mit einem Unterschnittball zu antworten, wenn man dabei einen Anti-Topspin-Belag benutzt?

a) Ja.

b) Nein.

4. Welche Aussage ist richtig?

   Bei einem RH-dominanten Spieler befindet sich der Platzierungspunkt Ellbogen in der Regel

a) genau in der Mitte des Tisches.

b) weiter in der Rückhandseite als bei einem VH-dominanten Spieler.

c) weiter in der Vorhandseite als bei einem VH-dominanten Spieler.

5. Mit kurzen Noppen kann man keinen starken Schnitt erzeugen.

a) Richtig.

b) Falsch.

6. Wenn auf einen Topspin (mit viel Spin) mit langen Noppen geblockt wird, kommt dieser Block mit

a) Überschnitt zurück.

b) Unterschnitt zurück.

c) ohne Schnitt zurück.

7. Welche Aussage ist richtig?

   Einen VH-dominanten Spieler in die tiefe Vorhand anzuspielen, ist

a) taktisch ungünstig, da er ja in der Regel mit der Vorhand viel besser spielt als mit der Rückhand.

b) taktisch günstig, da er mit dieser Platzierung in der Regel Probleme hat.

8. Welche Aussage ist richtig?

Auf starken Unterschnitt kann man

a) einen Schuss spielen, auch wenn der Ball nicht höher als Netzhöhe abspringt und dabei eine gute Trefferquote (mehr als 50 %) erzielen.

b) generell nicht schießen und dabei eine gute Trefferquote (mehr als 50 %) erzielen.

c) einen Schuss spielen, aber nur, wenn der Ball höher als Netzhöhe abspringt.

9. Welche Aussage ist richtig?

Gute Flippspieler können in der Regel sicherer und härter flippen

a) auf kurze Bälle mit leichtem Überschnitt.

b) auf kurze Bälle mit wenig Unterschnitt.

c) auf kurze Bälle mit starkem Unterschnitt.

10. Auf welchem Treffpunkt am Schläger bekommt ein VH-Aufschlag mit gutem Handgelenkeinsatz den meisten Spin?

a)

b)

c)

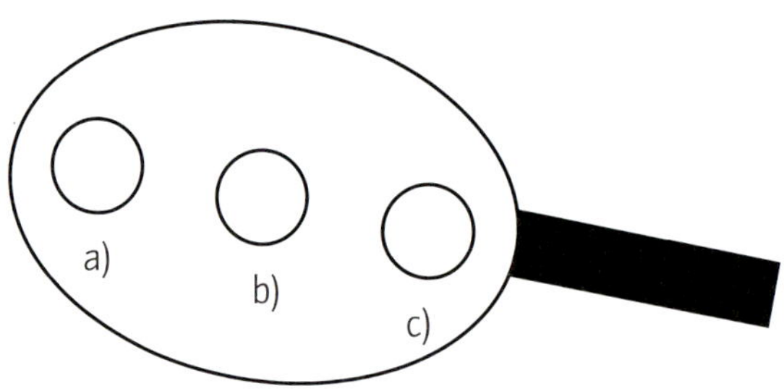

11. Welche Aussage ist richtig?

Je mehr Überschnitt in einem Topspin ist,

a) desto gekrümmter ist seine Flugbahn.

b) desto flacher ist seine Flugbahn.

c) Der Überschnitt hat keinen Einfluss auf die Flugbahn des Topspins, sondern die Schlaghärte des Topspins ist allein ausschlaggebend.

12. Welche Aussage ist richtig?

Ein VH-Sidespin kann mit einem RH-Griff

a) einfacher,

b) schwieriger,

c) genauso gut

als mit einem VH-Griff ausgeführt werden.

13. Welche Aussage ist richtig?

Mit einem VH-Griff kann man

a) schnell von der Vorhand auf die Rückhand wechseln.

b) schnell von der Rückhand auf die Vorhand wechseln.

c) überhaupt nicht schnell die Seite wechseln.

14. Welche Aussage ist richtig?

Ein hohes Greifen des Schlägers

a) schränkt die Beweglichkeit des Handgelenks beim kurzen Spiel am Netz ein.

b) hat große Vorteile (mehr Kontrolle) bei langen Bewegungen.

c) Beide oben genannten Punkte sind richtig.

d) hat keine Auswirkungen auf die Kontrolle der einzelnen Schläge.

15. Auf welchen der unten genannten Schläge kann ein VH-Topspin mit dem größten Überschnitt gespielt werden?

a) Starker Unterschnittabwehrball.

b) Block.

c) Schwacher Unterschnittschupfball.

11.1 ANTWORTEN

Frage 1	c	siehe „Die Auf- und Rückschlag- bzw. Seitenwahl" (10.1)
Frage 2	b	siehe „Die Flughöhe – Allgemeines" (3.1) sowie „Erzeugen von Rotation" (4.1)
Frage 3	b	siehe „Antis" (4.4.1.1)
Frage 4	c	siehe „Kennzeichen eines rückhanddominanten Spielers" (1.4.2)
Frage 5	b	siehe „Kurze Noppen" (4.4.2.1)
Frage 6	b	siehe „Lange Noppen" (4.4.2.2)
Frage 7	b	siehe „Tipps für das Spiel gegen vorhanddominante Spieler" (1.4.1.1)
Frage 8	a	siehe „Unterschnitt" (4.2.1)
Frage 9	c	siehe „Unterschnitt" (4.2.1)
Frage 10	a	siehe „Aufschlagfinte mit/ohne Rotation" (5.1.1)
Frage 11	a	siehe „Merksätze zum Erkennen von Rotation" (4.2)
Frage 12	a	siehe „Griffschema nach Östh & Fellke" (1.3.1)
Frage 13	b	siehe „Griffschema nach Östh & Fellke" (1.3.1)
Frage 14	c	siehe „Die Schlägerhaltung" (1.3)
Frage 15	a	siehe „Überschnitt" (4.2.2)

PORTRÄTS DER BESTEN EUROPÄISCHEN SPIELER

12

12 PORTRÄTS DER BESTEN EUROPÄISCHEN SPIELER

12.1

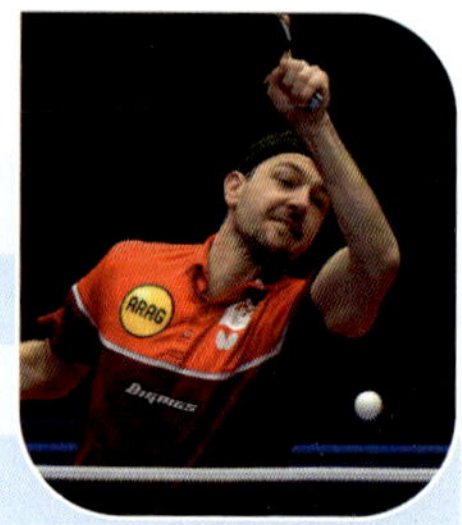

Name:	Timo Boll
Geburtsdatum:	8. März 1981
Geburtsort:	Erbach
Hobbys:	Golf, Tauchen, Lesen, Internet
Augenblicklicher Verein:	Borussia Düsseldorf
Größte Erfolge:	WM-Bronze im Herren-Einzel 2011 und 2021 Mannschafts-Silber bei den Olympischen Spielen 2008 und 2020 Mannschafts-Bronze bei den Olympischen Spielen 2012 und 2016 Mannschafts-Silber WM 2004, 2010, 2014 und 2018 WM-Silber im Doppel 2005 Deutscher Rekordmeister im Herren-Einzel mit 13 Titeln
Holz:	Primorac Carbon, Butterfly
Belag VH:	Dignics 09C, Butterfly
Belag RH:	Dignics 09C, Butterfly
Spielsystem:	Offensivspieler mit sehr rotationsreichem VH- und RH-Topspin- Linkshänder

12.2

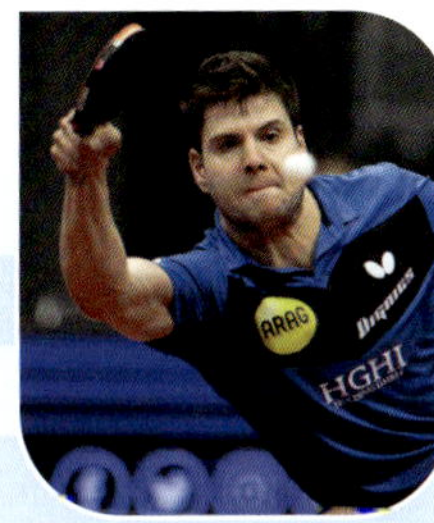

Name:	Dimitrij Ovtcharov
Geburtsdatum:	2. September 1988
Geburtsort:	Kiew (Ukraine)
Hobbys:	Billard, Kino, Musik
Augenblicklicher Verein:	Fakel Gazproma Orenburg, Russland
Größte Erfolge:	Olympische Bronzemedaille im Herren-Einzel 2012 und 2020 Mannschafts-Silber bei den Olympischen Spielen 2008 und 2021 sowie Bronze 2012 Mannschafts-Silber WM 2010, 2012 und 2018 Deutscher Meister im Herren-Einzel 2014
Holz:	Ovtcharov Innerforce ALC, Butterfly
Belag VH:	Dignics 09C, Butterfly
Belag RH:	Dignics 05, Butterfly
Spielsystem:	Offensivspieler mit sehr guten Rückhandschlägen über dem Tisch und starken Vorhandschlägen hinter dem Tisch. Rechtshänder Sehr gute Aufschläge

12.3

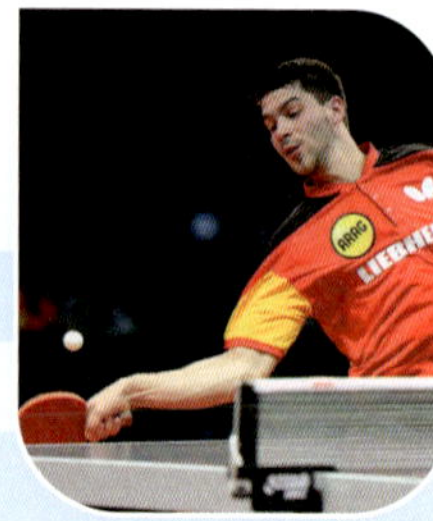

Name:	Patrick Franziska
Geburtsdatum:	11. Juni 1992
Geburtsort:	Bensheim
Hobbys:	Fußball, Basketball
Augenblicklicher Verein:	1. FC Saarbrücken
Größte Erfolge:	Mannschafts-Silber bei den Olympischen Spielen 2020 Mannschafts-Silber bei der WM 2014 und 2018 Mannschaftseuropameister 2010, 2013, 2017, 2019 und 2021
Holz:	Franziska Innerforce ZLC, Butterfly
Belag VH:	Dignics 05, Butterfly
Belag RH:	Dignics 05, Butterfly
Spielsystem:	Offensivspieler mit gefährlichen Rückhandschlägen und starken Aufschlagreturns Rechtshänder

12.4

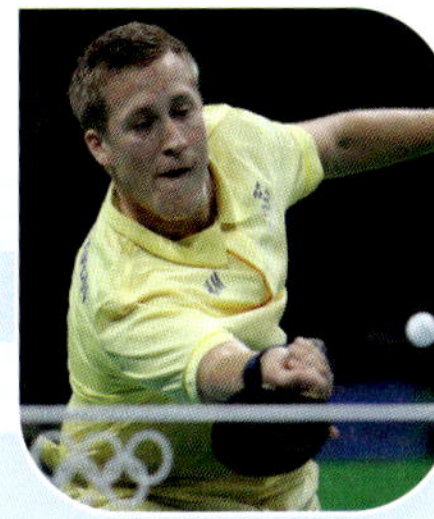

Name:	Mattias Falck
Geburtsdatum:	07. September 1991
Geburtsort:	Karlskrona, Schweden
Hobbys:	Zeit mit der Familie verbringen, Playstation spielen, Filme schauen
Augenblicklicher Verein:	SV Werder Bremen
Größte Erfolge:	Vizeweltmeister im Herren-Einzel 2019 Weltmeister im Herren-Doppel 2021 mit Kristian Karlsson Mannschaftsweltmeisterschaften 2018 Bronze mit Schweden Mannschaftseuropameisterschaften 2011 Silber mit Schweden
Holz:	Ma Lin Soft Carbon, Yasaka
Belag VH:	Rakza PO, Yasaka
Belag RH:	Rakza X, Yasaka
Spielsystem:	Angriffsspieler mit kurzen Noppen auf der VH-Seite

12.5

Name:	Truls Möregårdh
Geburtsdatum:	16. Februar 2002
Geburtsort:	Hovmantorp, Schweden
Hobbys:	Freunde und Familie
Augenblicklicher Verein:	Eslöv AI, Schweden
Größte Erfolge:	Vizeweltmeister im Herren-Einzel 2021 3. Platz bei der Team-WM 2018 mit Schweden Schwedischer Meister im Herren-Einzel 2019 und 2021 Vizeweltmeister im Jungen-Einzel 2017 und 2019 Erstes CL-Spiel im Alter von 14 Jahren für Eslöv AI im Jahre 2016
Holz:	Cyberspace, Stiga
Belag VH:	Mantra H, Stiga
Belag RH:	Mantra H, Stiga
Spielsystem:	Sehr variables Angriffsspiel mit aggressiver Rückhand Rechtshänder

ANHANG

LESE- UND SURFTIPPS

Wie wir im Vorwort zu ersten Auflage erwähnt haben, konnten und wollten wir in dieses Buch nicht alles, was es über Tischtennistaktik zu schreiben gibt, einarbeiten. Aber wir denken, den größten und vor allem wichtigsten Teil haben wir sicherlich abgehandelt.

Natürlich gibt es noch einige andere Bücher, die sich mit dem Tischtennissport befassen. Um dir die Übersicht ein wenig zu erleichtern, führen wir hier nur die auf, welche uns besonders lesenswert erscheinen.

Glenn Östh /Jens Fellke:	„Wie wird man Nr.1 im Tischtennis ?" – das Geheimnis der Schwedischen Weltmeister
Bernd-Ulrich Groß:	„Tischtennis Basics"
Jürgen Schmicker:	„Das große Buch vom Tischtennis" – reichhaltige Fundgrube rund ums Tischtennis
Michel Gadal:	„Der Weg zum Erfolg" – für fortgeschrittene Spieler und Trainer
Jens Fellke:	„J.O. Waldner - Geheimnisse eines TT-Genies" – alles über den vielleicht besten Spieler aller Zeiten
Werner Schlager:	„Matchball" – mit 11 persönlichen Strategietipps und einer DVD mit den wichtigsten Spielen seiner Karriere
DTTB:	„Lehrplan" – mehrere Bände zu unterschiedlichen Themen
DTTB:	„Handbuch" – das Jahrbuch des Deutschen Tischtennis Bundes – jede Saison neu

Trainern und engagierten Übungsleitern empfehlen wir darüber hinaus folgende Zeitschriften:

„Tischtennislehre" („TTL")	– viele Tipps für die Trainingsgestaltung mit ausführlichem Theorieteil
„Trainerbrief"	– amtliches Mitteilungsorgan des Verbandes Deutscher Tischtennistrainer mit interessanten Beiträgen rund um den Tischtennissport

Auch im Internet gibt es viele interessante Informationen. Beispielsweise unter:

www.timo-boll.de	Homepage des besten deutschen Tischtennisspielers
www.tt-total.tv	Tischtennisvideos von der Championsleague bis zur Oberliga
www.elearning.tibhar.com	sehenswerte Videos und Beschreibungen der Schlagtechniken
www.ttbl.de	Live-Spiele der Deutschen Tischtennisliga (DTTL)
www.tt-bundesliga.de	alle Informationen zur DTTL
www.tischtennis.de	Homepage des DTTB
www.ittf.com	Homepage der ITTF (International Table Tennis Federation)
www.vdtt.de	Homepage des Verbands Deutscher Tischtennistrainer
www.mytischtennis.de	News und Stories aus der Tischtennisszene
www.tt-action.de	Fundgrube für Tischtennis-Videos
Pongfinity	Die YouTube-Stars des Tischtennis aus Finnland

LITERATURVERZEICHNIS

Adomeit, M.: Taktikschulung. *Tischtennis-Lehre 2* (1987) 4, 22-24.

Adomeit , M.: Taktiktraining: Erlernen der Taktik gegen VH/RH-dominante Spieler. Teil 1. *Tischtennis-Lehre 7* (1992a) 5, 25f.

Adomeit , M.: Taktiktraining: Erlernen der Taktik gegen VH/RH-dominante Spieler. Teil 2. *Tischtennis-Lehre 7* (1992b) 6, 17-19.

Adomeit , M: Taktiktraining gegen VH-Dominanz. Teil 3. *Tischtennis-Lehre 8* (1993a) 1, 16-18.

Adomeit , M.: Grundtaktik gegen RH-dominante Spieler. *Tischtennis-Lehre 8* (1993b) 3, 19.

Adomeit , M.: *Taktikscript*. Unveröffentlicht, o. J.

Damsma, Titus: Das Doppelspiel. *VDTT-Trainerbrief 1* (2004).

Geske, K.-M.: *Taktik im Tischtennis: Erstellung eines Modells zur Taktikschulung im Tischtennis für Jugendliche und dessen Erprobung mit jugendlichen Spielern des Westdeutschen Tischtennisverbandes*. Diplomarbeit. DSHS Köln 1996.

Groß, B.-U. & Huber, D.: *Tischtennis – Moderne Technik für Anfänger und Könner*. Rowohlt: Reinbek bei Hamburg 1995.

Haug, R.: *Der Tempowechsel als taktisches Mittel im Tischtennisspiel*. Frankfurt/Main 1993. A-Lizenz-Arbeit, unveröffentlicht.

Herweg, C.: Ein physikalisches Konzept zur Beeinflussung bei Tischtennis-Schlägerbelägen. *VDTT-Trainerbrief* (1995) 3, 26.

Schönemeier, Frank: Praxistipps zum Doppeltraining. *VDTT-Trainerbrief 1* (2004).

Weineck, J.: *Optimales Training*. Perimed-spitta: Balingen 1994, 8. Auflage.

BILDNACHWEIS

Covergestaltung:	Sabine Groten
Coverfoto:	© Butterfly
Layout- und Umschlaggestaltung:	Claudia Sakyi
Fotos im Innenteil:	Guido Schuchert, Butterfly; Andro; Tibhar, Donic © imago-sportfotodienst (S. 13, 85, 95, 141, 158, 169, 173)
Spielerfotos:	S. 186: Butterfly S. 187: dpa S. 188: Butterfly S. 189: Butterfly
Grafiken und Illustrationen:	Oliver Sprigade, Hannover

Abonnieren Sie unseren kostenlosen Newsletter unter **www.dersportverlag.de**

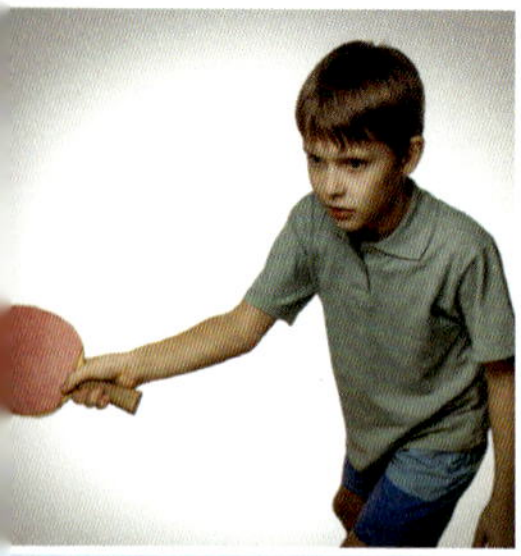

ICH LERNE ...

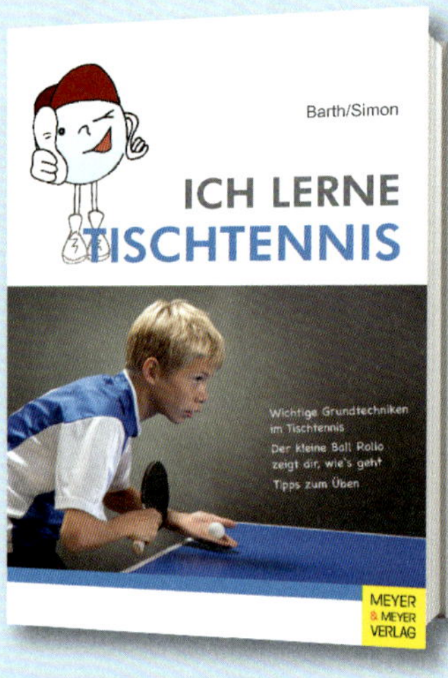

Ich lerne ... ich trainiere ...

KATRIN BARTH
& EVELYN SIMON

ICH LERNE TISCHTENNIS

„Ich lerne Tischtennis" wendet sich an Kinder im Grundschulalter und ihre Trainer. Sie erlernen den richtigen Umgang mit dem Ball, die Ausführung der Grundtechnik und immer mehr Möglichkeiten zum Punktegewinn. Rollo, das kleine Tischtennisbällchen, begleitet die Kinder durch den Ratgeber.

152 Seiten, 48 Fotos,
96 Illustrationen, in Farbe,
Klappenbroschur, 16,5 x 24 cm
ISBN: 978-3-89899-808-6
€ [D] 14,95 / [A] 15,40 *

* Preisänderungen vorbehalten und Preisangaben ohne Gewähr! © Thinkstock/iStock

... ICH TRAINIERE

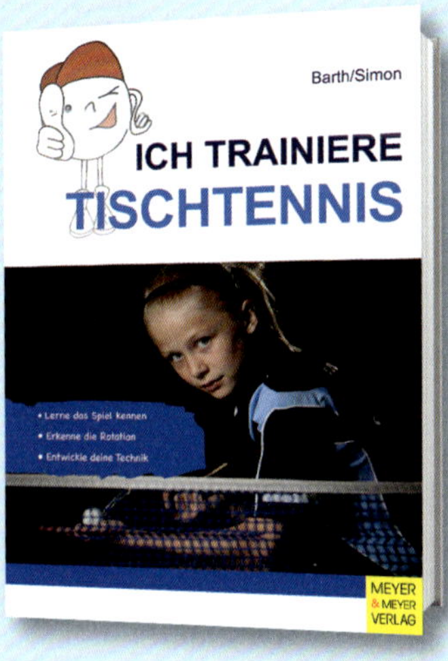

Ich lerne ... ich trainiere ...

KATRIN BARTH
& EVELYN SIMON

ICH TRAINIERE TISCHTENNIS

Ein Tischtennisanfänger bist du nun nicht mehr und inzwischen liegen schon eine Menge Trainingsstunden und Turniere hinter dir. Die Grundtechniken des Tischtennisspiels kennst du jetzt, hast Spaß am Spiel und kennst auch das Gefühl von Erfolg und Niederlagen. Nun willst du unbedingt weitermachen, mehr lernen und erfolgreicher spielen? Dann ist dieses Buch genau der richtige Trainingsbegleiter für dich!

160 Seiten, 48 Fotos,
56 Illustrationen, in Farbe
Klappenbroschur, 16,5 x 24 cm
ISBN: 978-3-89899-845-1
€ [D] 16,95 / [A] 17,50 *